Mordswut und Rachegelüste

Norddeutsche Krimi-Geschichten auf Hochdeutsch

Die Autorin

Anneliese Hamann, geb. 1949, wuchs auf einem Bauernhof mit zwei Geschwistern auf. Von Kindesalter an hat sie nur Plattdeutsch gesprochen. Deshalb möchte sie diese liebenswerte Sprache erhalten wissen und schreibt seit fast 30 Jahren für die Medien Kreiszeitungen Verden und Achim bei Bremen, aber auch für andere Magazine. Etliche Bücher in Plattdeutsch sind von ihr erschienen. In ihrer Ehe hat sie zwei Söhne erzogen und überwiegend in der Haus- und Altenpflege gearbeitet. Sie hat schon immer gern geschrieben, aber um sich das richtige Handwerkszeug dafür anzueignen, absolvierte sie vor vielen Jahren ein Fernstudium in Sachen Schriftsteller/Journalismus. »Mordswut und Rachegelüste« ist ihr erster hochdeutscher Krimi.

Anneliese Hamann

Mordswut und Rachegelüste

Norddeutsche Krimi-Geschichten
auf Hochdeutsch

Edition Falkenberg

Titelabbildung: pixabay

1. Auflage 2020

ISBN 978-3-95494-211-4
www.edition-falkenberg.de

Inhalt

Alinas späte Rache

Rasant fuhr Rudolf König seinen Sportwagen in die Garage, stieg aus, schmiss die Autotür zu und reckte sich: »Oh Mann! Endlich wieder ein Arbeitstag herum! Nun kommt das Vergnügen.«

König war Besitzer und gleichzeitig Geschäftsführer einer gutgehenden Druckerei, die schon länger expandierte. Er hatte ehrgeizige Mitarbeiter, viele Freunde, besaß eine große Villa, war leidenschaftlicher Jäger und Schürzenjäger. Er war mit Alina verheiratet und hatte immer alles im Griff.

König warf seine Jacke über einen Stuhl, knallte den Autoschlüssel auf die Anrichte, stieg aus seinen teuren Lederschuhen und pfefferte diese unter den Garderobenständer im Flur.

»Line, wo bleibt das Abendessen?«, rief er und marschierte in die Küche. Aber hier fand er seine Frau Alina nicht. »Line! Verdammt, komm her!«, schnauzte er laut.

Alina kam die Treppe herunter, schön frisiert und in ein burgunderrotes Kostüm gewandet. Rudolf guckte erstaunt: »Öö-höö? Was soll das denn?« Alina stellte sich vor ihm hin und sagte leise: »Rudolf, wir haben heute unseren 15. Hochzeitstag! Gestern hast du mich für heute zum Essen ins Glorias eingeladen. Hast du das denn schon vergessen?«

»Was denn!? Das habe ich dir versprochen? Du spinnst wohl, Line! Heute Abend fahre ich zum Sandhofener Forst zur Jagd! Der Termin steht doch schon lange fest!«

Mit hochgezogenen Brauen betrachtete er Alina und meinte spöttisch grinsend: »Meinst du wirklich, dass ich mit dir ins Glorias gehe? So, wie du aussiehst? Und was soll das mit diesem blöden Kostüm? Mein Geld dafür hättest du dir sparen können! Ach Line, mit dir kann doch keiner ausgehn! Du hast keinen Geschmack, kannst in Gesellschaft nicht mitreden. Du machst einfach nichts her! Bleib du man zu Hause, hier fühlst du dich doch am Wohlsten.«

Wieder einmal war Alina tief betroffen und traurig, weil Rudolf sie immer wieder klein machte. Aber dann stieg Wut in ihr hoch. Sie hatte sich so sehr auf diesen Abend mit ihm gefreut, weil er endlich einmal Zeit für sie hatte. Aber nun schon wieder eine Enttäuschung und noch dazu seine Beleidigungen!

»Rudolf, ich bin doch deine Frau! Warum tust du mir immer wieder so weh? Sage mir, warum hast du mich eigentlich geheiratet? War das etwa nur wegen Vaters Geld, das ich mit in die Ehe gebracht habe? War unsere Ehe von Anfang an von deiner Seite etwa nur Berechnung? Sag mir wenigstens einmal die Wahrheit, Rudolf!«

Rudolf grinste und winkte einfach ab, er wollte sich zur Jagd umziehen.

»Line, dann weißt du ja Bescheid! Ich brauchte damals dringend Geld und du liefst mir gerade zur rechten Zeit über den Weg.«

»Nie hätte ich gedacht, dass du dich mir gegenüber als Schurke benehmen würdest! Ich habe geglaubt, dass du mich wenigstens gern hast. Doch eine Bitte habe ich an dich. Das hab ich dir schon hundert Mal gesagt: Nenne mich nicht immer Line! Ich heiße Alina!«

»Ist ja gut!«, antwortete Rudolf und ging zur Treppe: »Der Name Alina ist das Einzige an dir, was schön ist. Aber er passt nicht zu dir. Für mich wirst du immer die schlichte Line bleiben!«

Nach ein paar Minuten sauste Rudolf in seinem grünen Jagdanzug an ihr vorbei zum Waffenschrank. Ohne Gruß schlug er mit geschultertem Gewehr die Haustür hinter sich zu. Mit gemischten Gefühlen stand Alina minutenlang stocksteif im Flur. Sie spürte keine Wut mehr, war nicht mehr traurig wie üblich, wenn Rudolf das Haus verließ und sie allein blieb. Sie wunderte sich über die Gefühle, die in ihr arbeiteten und sich wandelten. Waren das etwa Hassgefühle, die ihre Liebe zu

Rudolf ablösen wollten? Sie schüttelte sich, was war denn jetzt mit ihr los?

Entschlossen ging sie nach oben, zog das neue Kostüm aus und wuselte ihre Frisur kaputt. Der Spiegel zeigte ihr eine blasse, sehr schlanke Frau um die Vierzig mit aschblonden, dünnen Haaren. Dieser etwas spärliche Kopfbewuchs machte ihr Kummer, weil sie sich immer sorgfältig frisieren musste, um das Manko möglichst zu verdecken. Über Rudolfs Beleidigungen konnte sie nicht mehr weinen. Ihr Vorrat an Tränen war endgültig verbraucht.

Am Anfang ihrer Ehe hätte sie merken müssen, dass Rudolf ihr bloß Liebe vorspielte, weil er bald auf getrennte Schlafzimmer bestand. Er ließ sie buchstäblich in allem allein. Sie wollte so gern ein Kind, aber Rudolf kam nicht mehr zu ihr ins Bett.

Irgendwann erfuhr Alina dann, dass sie Rudolfs zweite Ehefrau war. Als sie ihn fragte, wo denn seine Exfrau jetzt lebte, reagierte er wütend. Schrie sie an, dass sie das nichts anginge. Sie ahnte damals noch nicht, dass Rudolf schon lange eine Geliebte hatte, schon vor ihrer Hochzeit. Doch als sie es erfuhr, vergab sie ihm aus inniger Liebe und glaubte, dass er sich ihretwegen ändern würde, und seine Geliebte aufgab. Damals hatte sie ihn bis zur Selbstaufgabe geliebt.

Danach begann Alinas wirkliches Leid. Sie erduldete die unendliche Schmach, dass die Geliebte bald in der Villa ein- und ausging, getarnt als Rudolfs Geschäftspartnerin, bis sie die beiden in inniger Umarmung überraschte. Aber damals glaubte sie immer noch an Rudolf. Sie wollte einfach nicht wahrhaben, dass sie für ihn nichts galt.

Alina lebte nicht mehr in der Realität, sondern träumte sich ihre heile Welt zusammen. Sie hatte ja auch ein schönes Heim, mit Gärtner und Putzfrau, kochte gern Rudolfs Lieblingsessen. Er mochte zu gern Waldpilze, die er im Herbst selbst sammelte. Sie verwöhnte ihn, wo sie bloß konnte, und dann war sie glücklich, wenn er ihr mal über den Nacken strich. Mehr tat er nie für sie.

Das alles ging ihr im Kopf herum, was war bloß aus ihr geworden? Eine ungeliebte Ehefrau, die ihren Stolz schon lange verloren hatte. Sie stellte nie besondere Ansprüche, sie verfügte nicht einmal über Taschengeld. Rudolf hatte ihr Geld damals gleich in den Betrieb gesteckt, der dringend Sanierung benötigte. Rudolf leistete sich immer die neuesten Gewehre und allerlei Jagdzubehör samt teurer Garderobe.

Eine Woche später veranstaltete Rudolf eine Party mit Geschäftsfreunden und Jagdgenossen in der Villa. Alina übertrug er die Aufsicht über das gesamte Catering (Getränke kühlen, die Speisen schön anrichten lassen, den Nachtisch machen). Kochen war eine ihrer Leidenschaften. Früher hatte Alina gern gemalt, hatte sogar einige Bilder verkauft, aber in ihrer Ehe hatte sie dazu keine Zeit mehr, und Rudolf duldete das nicht.

An diesem Nachmittag, als abends die Party steigen sollte, kam Rudolf in die Küche und gab Alina ein schön verpacktes Geschenk. Ihr Herz klopfte rekordverdächtig, ihre Augen leuchteten - ein Geschenk von Rudolf? Vielleicht eine schöne Bluse für den Abend? Was für eine Vorfreude war das beim Auspacken! Dabei kam etwas derbes, buntes zum Vorschein. Sie nahm das Kleidungsstück und faltete es auseinander. Was war das denn? Ein Küchenkittel in knallbunten Farben!

Ächzend ließ sich Alina auf den nächsten Stuhl fallen, der schreckliche Kittel rutschte auf den Fußboden. Was für eine hässliche Beleidigung! Sie taugte für ihn nur was in der Küche! Als Haushälterin, als seine Dienerin! Ihr drohte der Kopf zu platzen, bunte Ringe tanzten vor ihren Augen, der Brustkorb drückte, das Atmen fiel ihr schwer. So saß sie einfach da, ohne Tränen, ohne zu weinen. Wie lange sie so dagesessen hatte, wusste sie später nicht mehr. Nach und nach waren ihr alle Sicherungen durchgebrannt, leise und still, wie es ihre Art war. Sie realisierte die grausame Wirklichkeit: Zu lange war sie total blind gewesen, hatte die Wahrheit nicht sehen wollen. Sie wusste ja längst, dass sie die ungeliebte Ehefrau war, und dass er sein Bett mit der Geliebten teilte. Mit einem Schlag wurde ihr auch klar, dass die Frau an Rudolfs Seite niemals sie gewesen war, sondern immer die rassig-schöne Beata mit dem langen schwarzen Zopf, seine Jagdbegleiterin.

Seit kurzer Zeit kam Rudolf abends zu ihr in die Bibliothek, wo sie gern las, und brachte ihr ein Glas Rotwein, prostete ihr zu: »Zum Wohl!« Danach zog er sich sofort in seinen Wohnbereich zurück. Diese Geste hatte sie als Aufmerksamkeit empfunden und das Glas genüsslich ausgetrunken. Doch wenn sie dann im Bett lag, war ihr meist unwohl, und einige Male musste sie sich heftig übergeben.

Verdammt nochmal! Fünf Mal hatte sie vergifteten Wein getrunken! Das wurde ihr jetzt klar. Die wollten sie wegmachen, Rudolf und seine Beata! Langsam, Glas für Glas mit präpariertem Rotwein!

Alina zerbrach sich den Kopf, was zu tun war, wie sie sich schützen könnte. Sie verließ die Küche, gab die Aufsicht über das Catering an eine Hilfe ab, und ging in ihr Schlafzimmer. Auf einmal wusste sie, was zu tun war: Sie musste zum Gegenschlag ausholen! Sie war ganz ruhig. Gelassenheit überkam sie. Sie empfand keinen Hass gegen Rudolf, bloß noch Gleichgültigkeit. Ihre Liebe zu ihm war soeben endgültig gestorben. Sie bekam Mordgedanken und schlief die ganze Nacht nicht. Sie machte Pläne, las ein Buch zu dem Film Arsen und Spitzenhäubchen. Darin kam Arsen vor.

Arsen, das in Kriminalromanen gern als Mordgift eingesetzt wird, ist ein geruchloses und leicht süßlich schmeckendes, weißes Pulver, das sich gut in Flüssigkeiten auflösen lässt. Aber leider ist Arsen auch in der Ewigkeit und in der Hölle immer noch nachweisbar. Also kam das für sie nicht infrage. Mit Rudolfs Waffen konnte sie nicht umgehen, außerdem kam sie da nicht ran, weil der Schrank verschlossen war. Und sie hatte mal einen Urteilsspruch vom Sozialgericht gelesen: »Ehefrauen, die ihre Männer erschossen haben, verlieren ihren Anspruch auf die Witwenrente!«

Sie wäre ohne weiteres in der Lage gewesen, einfach sein Licht auszuknipsen. Die meisten Menschen sind ja Mörder und bringen Menschen um. Nämlich meistens sich selbst.

Alina nahm sich vor, von nun an Türsteherin in ihrem Lebensclub zu sein. »Ich lasse nur die rein, die ich mag. Die dürfen bleiben. Alle anderen fliegen wieder raus!«

Sie dachte neidvoll an Beata. Je schöner der Pilz, desto giftiger ist er. Das passte genau auf Beata, die ihr nun jeden Abend satanisch grinsend ein Glas Rotwein in die Bibliothek brachte. Alina goss den Inhalt in eine Flasche, um eventuell das Giftgemisch der Kripo zukommen zu lassen, wer wusste denn, was noch kommen würde ...

Um ihr Eheleiden abzuwenden, könnte sich Alina scheiden lassen, aber sie wollte doch nicht auf die Firma, die Villa und die Aktien verzichten. Also mussten ihre beiden Feinde irgendwie um die Ecke gebracht werden. Tagelang dachte sie nach, ließ sich von Rudolf belächeln und von Beata verspotten. Die war vor zwei Wochen endgültig in die Villa eingezogen und spielte schon die Hausfrau. Alina gab die Dienersche und versorgte den Haushalt. Ihr Reich war jetzt nur noch die Küche. Sie verhielt sich etwas dusselig, tat verwirrt, der vergiftete Wein sollte ja Wirkung vortäuschen. Wenn Rudolf und Beata von der Jagd kamen, brachten sie Wildfleisch und Waldpilze mit. Alina kochte daraus köstliche Mahlzeiten.

Dann hatte Alina die Lösung. In den nächsten Tagen war sie schon in den frühen Morgenstunden im Wald unterwegs, wo die Pilze standen. Aber die interessierten sie nicht, sie suchte den giftigen Knollenblätterpilz. Sie hatte ein Pilzbuch studiert, wusste genau, wie dieser Pilz aussah. Aber sie musste lange suchen. Es war zum Verzweifeln, dass sie den nicht finden konnte! Eines frühen Oktobermorgens im nebeligen Wald fand sie unter Buchen mehrere grüne Knollenblätterpilze. Sie jubelte laut heraus: »Juhuu! Endlich hab ich sie!«

Sorgsam schnitt sie zwei Giftpilze ab und legte die in ihren kleinen Korb. Abends sollte es Hirschbraten mit frischen Waldpilzen geben. Das sollte die letzte Mahlzeit für ihre Peiniger werden, die sie langsam morden wollten, aber sie würde ihnen zuvorkommen! Nach der Hirschbraten-Mahlzeit, hübsch garniert mit allen Pilzen, sollten die beiden sich endlich zum Teufel scheren, wo sie hingehörten!

Der Hirschbraten samt Klößen stand dampfend und köstlich duftend auf dem festlich geschmückten Tisch mit flackernden Kerzen, die sich in drei edlen Weingläsern spiegelten. Rudolf hatte die Gläser mit Rotwein gefüllt, aber Alinas Glas beinhaltete einen Spezialwein aus einer anderen Flasche. Alina brachte die Pilzpfanne aus der Küche.

»Och, herrlich Line! Hast du gut gemacht! Komm, trink mit uns, wenn du schon nicht mit uns am Tisch sitzen willst!«, rief Rudolf launig und hielt ihr ein Glas hin. Alina nippte bloß daran, sah den beiden noch einmal tief in die Augen, wünschte »Guten Appetit« und innerlich eine satanische Höllenfahrt. Sie nahm das Glas mit in die Küche. Nun musste sie nur noch abwarten!

Als die beiden zum Rauchen im Kaminzimmer saßen, räumte Alina den Tisch ab. Oh, prima, die beiden hatten die Pilzpfanne leer gefuttert! Die Wirkung kam sicher bald.

Am anderen Morgen kam keiner zum Frühstück. Rudolf klagte über Durchfall und Übelkeit, fuhr aber trotzdem ins Büro. Beata ließ sich nicht sehen und Alina wartete gespannt wie ein Flitzebogen, was weiterhin passierte. Keuchend und schwitzend kam Rudolf erst nachmittags nach Hause, stürzte gleich zum Klo und machte großen Lärm. Anschließend wankte er in die Dusche. Sie grinste in sich hinein und dachte kaltblütig, dass Rudolf den harten Macker gab, um die Sache mal eben auszukurieren. Er sah elend aus, als er ihr über den Weg wankte: »Lass mich bloß in Ruhe, du hast mir gerade noch gefehlt, du dusseliges Weib!«

Sie hatte doch gar nichts gefragt, aber das kränkte Alina nicht mehr. Listig blickte sie ihm hinterher, als er die Schlafzimmertür öffnete und hinter sich zuschlug. Dabei nahm sie ein Wimmern wahr, das sicher von Beata kam. Aber man zu, je länger die beiden nicht zum Arzt kamen, desto eher segneten sie das Zeitliche.

Nachts kam mit Sirene ein Krankenwagen an. Zwei Sanitäter und ein Notarzt klingelten Sturm. Alina schoss aus dem Bett hoch und öffnete ihnen im Nachthemd. Sie zeigte auf Rudolfs Schlafzimmer. Nach einer kurzen Zeit trugen sie hintereinander auf zwei Tragen zwei fast leblose, blasse Menschen heraus, schoben sie in den Krankenwagen und ab ging die wilde Fahrt.

Alina musste über zwölf Stunden warten, dann kam endlich Nachricht aus dem Krankenhaus. Frau Beata war nach dem Genuss von giftigen Pilzen gestorben. Rudolf würde sicher auch bald den Löffel abgeben, weil man für ihn nichts mehr tun konnte, da die Maßnahmen gegen die Vergiftung viel zu spät gekommen waren. Rudolf hätte leichtsinnig gehandelt. Ob sie als seine Ehefrau ihn noch einmal sehen wollte.

»Lieber Gott, nein! Das kann ich nicht!«, jammerte sie schon ganz nach Witwenart völlig glaubwürdig. Kurz danach war Rudolf auch schon auf dem Weg ins höllische Fegefeuer.

Die Kripo kam in die Villa und stellte viele Fragen um den Tod von Rudolf. Die Beamten wollten genau wissen, was es mit dem Verhältnis von Rudolf und Beata auf sich hatte, wo er doch verheiratet war. Alina gab Auskunft über alles, was sie wusste. Sie zelebrierte die Befragung total tragisch und tränenreich, wie sich das für eine frische Witwe gehörte. Die Beamten mussten sie sogar trösten!

Als dann die Leichen freigegeben waren, wurde Rudolf mit großem Brimborium beerdigt. Beata wurde stillschweigend in ihre tschechische Heimat überführt.

Alina atmete danach tief durch, weil diese Fälle endlich abgeschlossen waren. Ihr konnte nichts Böses nachgewiesen werden, sie war unschuldig, weil die beiden, Rudolf und Beata, ja selbst die Pilze und tragischerweise auch die tödlichen Knollenblätterpilze gesammelt hatten. So stand es im Polizeibericht. Dscha, man kann fast alle Pilze essen, aber manchen eben nur einmal!

Alina war eine still lachende Witwe, weil sie jetzt genau wusste, wo ihr Ehemann lag. Und als millionenschwere Frau hatte sie jetzt endlich auch ihr Ideal-Gewicht!

Blinde Rachsucht

»Schluss! Aus Simone! Begreife das endlich!«, rief Florian und lief zum Sportplatz. Simone schäumte vor Wut. Das eben war ihr zweiter Versuch, wieder mit Florian zusammen zu kommen, und wieder wollte er nichts mehr von ihr wissen! Das konnte doch nicht wahr sein!

Simone, die einzige Tochter des Rechtsanwalt-Ehepaares Reichenberg mit der besten Anwaltspraxis in der Stadt. Simone, die sich daher alles leisten konnte – nein, die ließ man nicht abblitzen! Eine Simone Reichenberg bekam immer, was sie wollte! Sie war das schönste Mädchen auf dem Gymnasium und schrieb die besten Noten. Warum nur hatte Florian mit ihr Schluss gemacht? Ihr stand doch eine schöne, sorglose Zukunft bevor. Wenn sie erst ihr Abitur in der Tasche hatte, das ganz sicher gut ausfallen würde, konnte sie an den besten Unis studieren. Diesen Weg hatte Papa ihr ja schon geebnet, durch seine allerbesten Beziehungen. Natürlich wollte sie auch Anwältin werden, aber eine Top! Sie wollte ein eigenes, großes Haus haben, schicke Autos und natürlich die nobelste Garderobe. Alles hatte sie geplant, sogar eine Haushälterin für später, damit sie auch reisen konnte. Sie hatte ihr Leben schon im Voraus bis in alle Details geplant. Alles sollte wunderschön werden, aber dazu fehlte ihr jetzt Florian.

Florian, ihr Freund, der sich einfach von ihr losgesagt hatte! Das war unbegreiflich! Er hatte ihr mitgeteilt, dass sie und er nicht zusammen passten. Letzte Woche beim Essen in einem teuren Restaurant, zu dem sie ihn eingeladen hatte, schwärmte sie ihm von einem tollen Leben vor. Als er etwas einwenden wollte, ließ sie ihn kaum zu Wort kommen. Sie meinte, wenn sie beide erst mal verheiratet wären, brauchte er nicht zu arbeiten, er sollte dann bloß für sie da sein.

Sie hatte sich so schön zurecht gemacht, hatte ihre Schönheit betont, aber er machte ihr nicht mal ein Kompliment! Regelrecht angehimmelt hatte sie ihn, aber er hielt sich sehr zurück. Auf einmal stand er auf, legte einen Geldschein auf den Tisch und sagte deutlich:

»Simone, mit uns beiden kann das nichts werden! Du lebst ganz anders als ich! Und ich habe andere Vorstellungen von meinem zukünftigen Beruf und Leben! Du hast mich ja nicht einmal zu Wort kommen lassen. Das machst du immer so. Ist dir das noch nie aufgefallen? Ich bin ab jetzt nicht mehr dein Hampelmann-Freund!«

Simone hatte es immer noch nicht gecheckt, dass Florian nicht mehr zu ihr gehörte. Ständig grübelte sie, warum er sich von ihr losgesagt hatte. Hatte er vielleicht eine andere? Dieser Gedanke trieb die Wut in ihr hoch. Das also war der Grund! Warum sonst wohl gab er ihr den Laufpass? Sie stampfte mit dem Fuß auf und schimpfte: »Kein Junge auf dieser Welt macht Schluss mit Simone Reichenberg! Ich bin die Klassenbeste und die Schönste! Ich kriege alles, was ich will! Ich lass mich doch nicht blamieren - ich krieg dich, Florian!«

Am nächsten Tag sah sie Florian beim Laufen auf dem Sportplatz. Er war Sportler durch und durch, hatte eine Top-Figur. Seine schwarze Mähne wehte im Wind. Er war ihr Traumboy, keine andere sollte ihn kriegen, verdammt nochmal! Simone riss die Tür ihres Sportwagens auf, ließ sich in den roten Ledersitz fallen und drehte hastig den Motor auf und raste laut dröhnend davon.

Simone gab nicht auf. Sie stand am nächsten Abend wieder am Sportplatz und wartete auf Florian, der immer hier vorbei kam. Das dauerte und dauerte, aber endlich sah sie ihn. Ihr Puls stieg an, als er auf sie zukam. Oh, er sah gut aus! Mit seinen 1.85 m wirkte er sportlich und so sexy ...

Sie lächelte ihm in ihrem neuen, schwarzen Jumpsuit mit Goldgürtel entgegen. Ihre langen blonden Haare wehten sacht über ihr Gesicht. Sie wusste, dass sie auf Männer wirkte. Als Florian herankam, öffnete sie ihre Arme und wollte ihn heranziehen. Er aber wehrte sie ab, funkelte sie wütend an und rief: »Du kannst machen, was du willst! Du weißt genau, mit uns ist es endgültig zu Ende!« Er joggte an ihr vorbei und weg war er.

Simone ließ die Arme hängen, sah plötzlich alles in grau. Ihre schöne Welt brach zusammen, das tat richtig weh! Dieses Gefühl war ihr fremd, das kannte sie nicht. Sie stand da, alles drehte sich um sie, aber plötzlich ganz anders, als sie das sonst gewohnt war. Diesmal drehte sie sich ganz allein um sich selbst. Ganz schrecklich empfand sie das!

Vom Sportplatz her hörte sie Stimmen und zwei Mädchen kamen langsam auf sie zu. Oh nein, die durften sie so nicht sehen! Das waren ja Marion und Jutta, zwei ihrer Freundinnen. Simone drehte sich um und eilte zu ihrem Sportflitzer, warf sich hinein und brauste mit Vollgas ab.

Zu Hause ließ sie sich auf ihr Bett fallen und dann wurde ihr ihre Schmach erst richtig bewusst, weil doch alle wussten, dass sie fest mit Florian zusammen war. Laut fing sie an zu heulen und die Tränen liefen ihr egalweg über die Wangen. So sehr hatte sie noch nie geweint. Das brauchte sie auch nicht, weil sie bisher immer alles bekommen hatte, was sie wollte. Diese Situation war völlig neu für sie. Florian hatte sie ganz einfach verlassen! Unvorstellbar! Wie stand sie bloß vor ihren Freundinnen da?

Sicherlich hatte Florian schon eine neue Freundin. Dieser Gedanke erzeugte in ihr bittere Rachegefühle. Lange überlegte sie, wie sie wohl gewahr werden könnte, wer denn seine Neue war.

Am nächsten Tag erzählte sie ihrer besten Freundin Nelly, dass sie mit Florian Schluss gemacht hatte.

Die staunte nicht schlecht, weil Simone von ihm immer in den höchsten Tönen geschwärmt hatte. Nun machte sie einfach Schluss und redete auch noch schlecht über ihn? Da stimmte doch was nicht! Nelly fragte noch einmal nach.

»Ach du«, sagte Simone, »ich will ihn nicht mehr! Er ist einfach zu gewöhnlich und total uncool!«

Insgeheim schwärmte Nelly schon lange von Florian. Sie mochte ihn gern, viel zu gern, aber weil er mit Simone zusammen war, behielt sie ihr Geheimnis für sich. Aber dann durchzog sie eine leise Hoffnung – wenn Simone ihn jetzt nicht mehr wollte, vielleicht mochte Florian sie ja auch so gern, wie sie ihn mochte.

Nelly beobachtete auf dem Schulhof und auch im Unterricht, dass sich Simone und Florian aus dem Wege gingen. Also hatte sie wohl freie Fahrt bei ihrem Schwarm.

Es dauerte auch gar nicht lange, da trafen sich Nelly und Florian im Eiscafé. Sie verstanden sich sofort sehr gut, weil sie beide unkompliziert waren, und bald sie verliebten sich ineinander.

Eines Tages, als sie händchenhaltend durch die Fußgängerzone schlenderten, kam ihnen Simone entgegen. Alle drei blieben stehen und Nelly begrüßte Simone, aber die gab keine Antwort. Ihr Gesicht war wutverzerrt und somit ihre Schönheit mit einem Schlage weg. Sie drehte sich brüsk um und stampfte schnell davon. Nelly ahnte gleich, dass ihre Freundschaft mit Simone nun zu Ende war. Augenscheinlich wurde ihr klar, dass Simone eifersüchtig war. Aber warum denn bloß, wenn sie sich doch von Florian getrennt hatte? Sie fragte Florian danach und der erzählte ihr die Wahrheit.

»Du, ich habe mich von Simone getrennt, weil sich aber auch alles bloß immer nur um sie drehte. Sie ist so oberflächlich, hört nie zu, bei ihr kam ich nie zu Wort und sollte immer machen, was sie wollte. Aber ich habe mir mein Leben anders vorgestellt, das war der Trennungsgrund.«

Simone aber war bitter enttäuscht. Ihre beste Freundin mit Florian! Das war doch ein Treuebruch sondergleichen! Das ließ sie sich nicht gefallen. Sie sann auf Rache und Genugtuung. Wenn sie die beiden im

Gymnasium sah, bohrte böse Eifersucht in ihr. Das junge Glück tat ihr weh. Sie hatte immer gedacht, Florian sei ihr persönliches Eigentum, bis Nelly um die Ecke kam und ihn ihr einfach wegnahm.

»Rache!«, rief sie. »Das verlangt nach Rache!« Sie steigerte sich so sehr in Rachegelüste, dass sie an nichts anderes mehr denken konnte. Sie vergeigte eine wichtige Klausur nach der anderen und schuld daran waren nur Nelly und Florian!

Dem Mathelehrer fiel auf, dass sie neuerdings im Unterricht immer abwesend war. Er wollte von ihr wissen, ob er ihr helfen könne, aber sie wehrte ihn gehässig ab. »Mann, ich habe momentan eine Krise, die vergeht bald wieder. Ich hab nur was zu erledigen!«

Endlich, nach vielen Tagen des Wartens sah sie ihre Chance, weil sie Nelly und Florian immer beobachtete. Sie wusste, dass die beiden jeden Abend durch den Park joggten, danach auf der Straße entlang liefen und beim Eiscafé einkehrten. Das sollte ihnen zum Verhängnis werden! »Um die Ecke bringen will ich euch, ihr Luder! Eine Simone Reichenberger betrügt man nicht!«

Simone saß in ihrem Sportwagen und wartete am Straßenrand auf die beiden. Nebeneinander kamen sie angelaufen. Simone war total außer sich, dachte gar nicht an die Folgen ihres schäbigen Plans. Sie startete, riss das Lenkrad herum und verfolgte die beiden Verliebten. Auf einmal gab sie Vollgas, dass der Motor laut aufheulte, und brauste von hinten direkt auf die beiden zu.

Florian wirbelte herum, riss Nelly reflexartig an sich und dann sprangen beide zur Seite weg, hinter die dicken Bäume in den Kanal. Sie duckten sich, hörten ein fürchterlich berstendes Krachen, und gleich darauf einen dumpfen, lauten Knall. Metallteile flogen über sie hinweg, dann war Stille. Benommen kletterten sie aus dem knietiefen Wasser pitschnass die Böschung hoch und sahen das Schreckliche. Simone war mit ihrem Wagen gegen den dicksten Baum geknallt. Ihnen war klar, dass

Simone sie umbringen wollte, aber als sie zur Seite gesprungen waren, hatte Simone den Baum erwischt. Schwarzer Rauch waberte aus der eingebeulten Kofferraumhaube, griff gefährlich um sich in Richtung Tank. Florian riss Nelly wieder mit sich hinunter in den Kanal. Eine gewaltige Explosion ließ alles um sie herum erzittern, und dann brannte das Autowrack lichterloh.

Das sahen beide, nachdem sie verschreckt wieder die Böschung erklommen. Florian griff nach seinem Handy und wählte 112. Mit Abstand gingen sie um das brennende Auto herum, um nach Simone zu sehen, ob sie helfen konnten. Aber das Feuer ließ das nicht zu, sie konnten nichts mehr tun. Erschüttert sahen sie zu, wie das Auto verbrannte und mit ihm der Inhalt. Als Krankenwagen und Feuerwehr eintrafen, gaben sie traurig Auskunft.

Nach einer langen Weile kam schließlich ein Polizist zu ihnen und nahm ihre Aussagen zu Protokoll. Danach drückte er ihnen die Hände und meinte: »Seien Sie beide bloß froh, dass Sie noch am Leben sind! Sie haben gut reagiert. Simone Reichenberg hat sich ihren Tod ganz allein zuzuschreiben. Sie hat sich sozusagen gleich mit Sportwagen einäschern lassen!«

Christians Rachefeldzug

Endlich wird von Kirchenseiten nach und nach zugegeben, dass unter ihren Dächern vielfacher Missbrauch an Kindern betrieben wurde. Wohl besonders betroffen von diesem schrecklichen Handeln, das sie hilflos über sich ergehen lassen mussten, waren viele Messdiener im Kindesalter.

Die jungen Menschen standen mit ihren Leiden, Ängsten und Schmerzen ganz allein da, weil oft nicht einmal ihre Eltern ihnen Glauben schenkten. Ihre Kindergebete halfen nicht, weil auch der liebe Gott weghörte.

Entsetzliche Leiden hatte auch Christian, inzwischen 65 Jahre alt, als Messdiener jahrelang über sich ergehen lassen müssen. Seine strenggläubigen Eltern gaben ihn als Sechsjährigen in ein katholisches Kinderheim, um ihn zu einem gottesfürchtigen Christenmenschen erziehen zu lassen.

Zuerst hatte er laut geschrien, wenn der dicke Pfaffe nach dem Kindergottesdienst zu ihm in die kleine Kammer kam. Mit Gewalt hatte ihn dieser angebliche Gottesmensch missbraucht, immer wieder in all den Jahren. Christian versuchte oft zu fliehen, aber sie erwischten ihn jedes Mal. Danach hatte er Schläge und Nahrungsentzug zu erwarten. Einmal war er als 15-jähriger sogar aus dem Fenster im oberen Stockwerk gesprungen, weil er sich umbringen wollte.

Danach kam er in die Psychiatrie. Hier war er zwar den schrecklichen Pfaffen los, aber es kam noch schlimmer. Er hatte keinen Ausgang mehr und durfte auch nicht mehr zu Besuch nach Hause. Danach hatte er gar kein Verlangen mehr, weil die Eltern ihm völlig fremd geworden waren. Sie hatten ihm nie geglaubt, wenn er von seinen Qualen berichten wollte, im Gegenteil, er bekam dafür sogar Ohrfeigen von seiner Mutter.

So lebte er jahrelang in einer Einzelzelle, weil er als schwer erziehbarer Jugendlicher galt. Nur zu den Mahlzeiten kam er im Gemeinschaftsraum mit anderen »Inhaftierten« zusammen. Alle saßen immer mit ausdruckslosen Gesichtern und leeren Blicken an langen Tischen und es wurde kaum gesprochen. Christian nannte sie für sich die »schweigsamen Gefühllosen«.

Um Christian kümmerte sich ein Pfleger mit der Statur eines Meister Propper. Fast jeden Abend kam der zu ihm in die Zelle und steckte ihm mit Gewalt eine Spritze in die Armvene. Warum er die bekam, erfuhr Christian nicht. Danach fühlte er sich schlapp und willenlos. Und somit hatte der Pfleger auch leichtes Spiel mit ihm.

Christian hatte Dauerschmerzen am Darmausgang und blutete oftmals heftig daraus. Wenn er jammerte, bekam er die berüchtigte Spritze, die solange half, bis der Pfleger wiederkam.

Christian las viel später als gebrochener, älterer und kranker Mann in seiner Zeitung: »Kirchlicher Kindesmissbrauch ist ein gewichtiges moralisches Übel und wird streng verfolgt!«

Tatsächlich aber übergibt die Kirche Geistliche, die Kinder missbraucht haben, nicht einmal der Polizei und beruft sich auf das Beichtgeheimnis.

»Also geht die ganze Scheiße weiter, bis vielleicht mal in hundert Jahren das Zölibat aufgehoben wird! Die katholische Kirche muss sich endlich mal der Welt stellen, wie es wirklich in ihr aussieht! Dieser Lug und Betrug, dieses sich hinter Gott zu verstecken, muss endlich aufhören! Solange noch immer blinde Gemeinde-Mitglieder ihre Pfaffen verteidigen, auch wenn offengelegt ist, dass sie des Kindesmissbrauchs schon überführt sind, kann sich nichts ändern!«, wetterte Christian vor sich hin.

Schon lange sann er auf Rache und Genugtuung für sich selbst, um endlich Ruhe zu finden, denn lange hatte er sowieso nicht mehr zu leben. Er war schwerkrank an Leib und Seele, er hatte ja nie Hilfe bekommen.

Längst hatte er sich informiert, dass der Pfaffe, der ihn und sicherlich auch noch andere Kinder missbraucht hatte, nur eine lächerlich milde Strafe bekommen hatte. Der wohnte in einer Seniorenresidenz und verlebte dort seine üppige Pension. Christian wusste auch, dass sein brutaler Meister Propper ein Sportstudio in einer Großstadt betrieb. Der war sicher für die Qualen nie zur Rechenschaft gezogen worden, die er ihm zugefügt hatte, weil es dafür keine Zeugen gab.

Christian hatte Pläne, die er unbedingt noch ausführen musste, solange er noch lebte.

Eines Tages stand er vor seinem Peiniger in der noblen Residenz. Der alte Pfarrer konnte sich nicht an ihn erinnern, bis dann doch die Erleuchtung kam, wer sein Gast war. Nun bekam er es mit der Angst zu tun und fing an zu schwitzen. Er wollte nach der Schwester klingeln, aber Christian schlug ihm auf die fette Hand. Schlotternd saß der pensionierte Pfaffe in seinem Sessel. Drohend beugte sich Christian über ihn und zischte ihm zu: »Der Täter kann sich seiner Schuld wohl erst dann bewusst werden, wenn er Angst hat, selbst zum Opfer zu werden. Ich habe gelernt, Leid zu ertragen. Würdest du fühlen, was ich fühlen musste, dann würdest du laut schreiend zusammenbrechen! Und siehe, nun bekommt doch das, was du den Menschen vorgebetet hast, eine ganz andere Bedeutung – so höre denn: »Und nun spricht der Herr, der dich geschaffen hat. Fürchte dich nicht, denn ich habe dich erlöst. Ich habe dich bei deinem Namen gerufen, du bist mein!«

Christian räusperte sich: »Und gerade diese Sätze hast du bei mir wörtlich genommen. Ich war dein Eigentum! Dafür sollst du nun büßen und zwar sofort! Ich habe nichts mehr zu verlieren, weil du mich kaputt gemacht hast!« Schnell zog Christian ein dünnes Drahtseil aus der Hosentasche, schlang es dem ungläubig glotzenden Pfaffen um den dicken Hals mit dem wabbeligen Doppelkinn und zog kurz und heftig zu, bis der bald in sich zusammensackte und keinen Mucks mehr von sich gab. Christian zog rasch die Schlinge ab und steckte sie wieder ein. Zufrieden lächelnd besah er sich noch einmal den jetzt so friedvollen Pfaffen, drehte sich um und verließ die Residenz. Draußen schluckte er gleich seine Medizin, weil sich die schrecklichen Schmerzen wieder ankündigten.

Bevor er nichts mehr konnte und immer schwächer wurde, musste er noch seinen letzten Fall erledigen. Bald stand Christian seinem Peiniger Meister Propper in dessen Büro gegenüber. Der tat so, als ob er sein ehemaliges Opfer nicht erkannte, aber er blinzelte verdächtig mit den Augen.

Christian hielt ihm entgegen: »Erinnerst du dich, du Satan? Du warst nicht viel älter als ich, aber du hast mich damals gnadenlos hingerichtet. Mein Leib ist kaputt und meine Seele schon halbtot. Manches im Leben kann man nicht reparieren, das bleibt für immer kaputt! Damals schriest du mich an: 'Geheult wird erst, wenn's blutet!' – Erinnerst du dich?«

Meister Propper zitterten leicht die Hände, als er versuchte, ruhig zu sprechen: »Wir können doch über alles reden! Willst du Geld?« Er wollte Christian einen Beruhigungsschluck anbieten. Er stand auf und wollte eine Flasche Korn aus der Kühlkammer hinter sich herausholen. In diesem Moment, als er die Tür öffnete, schubste Christian ihn in den Kühlraum und ließ die Sicherheitsklinke von außen einrasten.

Meister Propper war gefangen, weil der Raum fensterlos war. Er klopfte und wetterte, dass Christian gefälligst wieder die Tür öffnen sollte, aber der rief laut: »Mach ich nicht, du Satan! Ich will dein Geld nicht! Ich will doch bloß dein elendes Leben beenden, um endlich Ruhe zu finden. Keiner wird dir da heraus helfen, weil keiner mehr hier im

Haus ist! Es ist nämlich Wochenende und bis Montag bist du ganz sicher schon in der Hölle, wo du auch hingehörst!«

Lachend verließ er das Gebäude, fuhr nach Hause und gönnte sich noch ein Wochenende auf dieser Welt. Danach nahm er gefasst alle starken Schmerzmittel auf einmal in einem Glas Cocnac ein und legte sich auf sein Sofa. Er war ganz ruhig und zufrieden, weil er seine weltlichen Pflichten endlich erfüllt hatte!

Das ging fürchterlich daneben!

»Verdammt noch mal! Immer klingelt das Handy, wenn ich unter der Dusche stehe!«, schimpfte Moni, griff nach dem Handtuch, stieg eilig aus der Duschwanne und rutschte mit nassen Füßen auf dem glatten Fliesenboden aus. Aber sie konnte sich gerade noch am Waschbecken festhalten, bevor sie lang hinfiel. Dabei rammte sie sich das rechte Knie am Unterschrank, dass ihr grelle Sterne vor Augen flimmerten.

»Autsch!«, stöhnte sie, angelte nach ihrer Jeanshose und zog das Handy aus der Tasche. Als sie die Anrufnummer sah, reagierte sie ärgerlich. »Mensch Mama! Du hast doch gestern erst angerufen! Wo brennt's denn schon wieder?«

»Ich wollte gerade auflegen!«, mahnte Mama vorwurfsvoll. »Wo warst du denn so lange?«

»Mama! Ich dusche gerade, muss gleich zur Arbeit!«, rief sie lauthals.

»Immer diese versteckten Vorwürfe von Mama!«, dachte sie, als die Mutter sagte: »Das will ich gar nicht wissen – ich möchte wissen, wo du gestern Abend warst!«

»Ich war beim Italiener essen!«

»Mit wem denn?«

»Mama, du nervst! Aber damit du's weißt: Ich war mit Dieter aus.«

Mama stöhnte laut. »Mädchen, du bist wirklich zu blöd! Ich hab dir oft genug gesagt, lass die Finger von diesem Miesling. Der betrügt dich doch immer wieder! Glaubst du wirklich, dass der sich geändert hat? Wie lange genau warst du denn mit ihm verheiratet?«

Moni hörte sich alles wutschnaubend an: »Sag mal, warum rufst du eigentlich an?«

»Ach ja, meine Bestellung in der Apotheke – wann bringst du mir die endlich? Oder meinst du, dass die olle Ratte in meiner Garage von allein abhaut?«

Moni wollte gehässig antworten, aber dann meinte sie gemäßigt: »Ich bringe dir das Gift heute Abend, ich habe es schon in der Tasche. Aber nun muss ich los. Tschüss!«

Moni musste sich eben abreagieren wegen dem Ärger um Mamas andauernde Bevormundung, aber auch wegen der Angst, dass Dieter ihr nicht treu blieb. Sie blendete kurz die Vergangenheit ein: Zwölf Jahre war sie mit Dieter verheiratet gewesen, bis sie ihn mit einer blonden Frau in ihrem Ehebett erwischt hatte. Sie war so verletzt, wütend und traurig.

Nie hatte sie geglaubt, was ihr zugetragen wurde, besonders aber von Mama, dass sich Dieter schon lange mit anderen Frauen vergnügte. Als ihre Welt wie eine Seifenblase zerplatzte, warf sie den untreuen Dieter aus der Wohnung. Danach hörte sie nichts mehr von ihm, jahrelang nicht, bis letzte Woche, als er bei ihr klingelte. Leidenschaftlich hatte er beteuert, dass er nicht ohne sie leben konnte. Er schickte ihr Blumen, rief jeden Tag wohl zwanzig Mal an, dass ihr Handy schon heiß wurde.

Gestern erhörte sie ihn dann doch und war mit ihm beim Italiener. Ach, war das schön gewesen! Danach hatten sie bei ihr noch Sekt getrunken und Dieter blieb bei ihr bis morgens um sieben.

Ach, das war noch schöner gewesen! Moni wollte gern, dass er wieder bei ihr einzog. Darauf hoffte sie sehr. Sie glaubte nun, dass sie ihrem Dieter wieder vertrauen konnte.

Moni sah auf die Uhr: »Oh Mist! Ich komm' zu spät!« Sie stieg in ihre Klamotten, lief durch die Wohnung, fand den Autoschlüssel und fuhr los.

Ihre Kollegen waren schon emsig in der großen Küche des Restaurants »Goldener Kessel« am Wirken, weil mittags eine große Gesellschaft kommen sollte, die Goldene Hochzeit feierte. Außerdem kamen jeden Tag mehr Gäste, die im »Goldenen Kessel« speisen wollten, weil das Restaurant eine ausgezeichnete Küche und einen guten Ruf hatte.

»Kommst du heute auch noch mal?«, rief ihr der Kollege zu und half ihr schnell in den weißen Kittel. »Der Chef ist schon ganz nervös!«

»Du entschuldige! Meine Mutter hat mal wieder genervt, weil ich wieder mit Dieter zusammen bin.«

Der Kollege guckte erstaunt. »Moni, ich hoffe, du weißt, was du tust. Du glaubst doch nicht, dass der sich geändert hat?«

»Ach du! Lass mich doch einfach in Ruhe!«, zischte Moni. Sie war doch wohl alt genug, keiner musste sie bevormunden. Sie hatte es satt, auch noch vom besten Kollegen belehrt zu werden. Sie griff sich das Gemüse und arbeitete routiniert wie immer.

Leise Zweifel quälten sie wegen Dieter, aber sie wollte glauben, dass es diesmal mit ihnen gut ging, dass dies ein Neuanfang wurde. Ja, in der letzten Nacht, das war echt ... seine Treueschwüre, seine Reue, seine Liebe, das war alles echt gewesen. Ganz sicher hatten sie beide noch eine Chance!

Nun aber lief das Mittagsgeschäft auf Hochtouren, in der Küche war es laut, hektisch und heiß. Für kurze Zeit hatte Moni ihre Sorgen vergessen, aber dann kam der Oberkellner direkt auf sie zu und drückte ihr einen Bestellbon in die Hand.

»Zwei Mal Suppe für Tisch Vier! Moni, weißt du, dass dein Dieter im Gastraum sitzt? Und er ist nicht allein!« Verschwörerisch sah er sie an. »Dieter ist hier?« Monis Kopf ruckte hoch, das Herz klabasterte und ihr Mund wurde trocken.

»Wo ist er?«, wollte sie wissen. Der Kellner blickte sie mitleidig an: »Tisch Drei! Auch zwei mal die Suppe als Vorspeise!«

Sie knüllte die Bons krampfhaft zusammen und versuchte, Haltung zu bewahren. Vielleicht war alles harmlos und Dieter hatte einen Geschäftstermin mit einer Kollegin aus dem Büro. Aber trotzdem hatte sie Bedenken. Dieter wusste nämlich nicht, dass sie jetzt hier arbeitete. Er wusste, dass heute ihr freier Tag war. Sie hatte ihm nicht erzählt, dass sie für einen kranken Kollegen einsprang. Aber nein, sicher war alles ganz harmlos!

In Monis Magen kniff es komisch, als sie fast wie in Trance an die Tür zum Gastraum ging und dort hineinstarrte. Aber, da war er! Er saß seitlich an der Wand. Sie konnte genau seine schwarzen Haare, die silberne Brille auf der verwegenen Nase und den kurzen Bart erkennen. Und er hielt Händchen mit einer fremden blonden Frau!

Das war das Letzte, an das sich Moni erinnerte, bevor sich ihre Gedanken in graue Nebel verloren. In ihrem Kopf wirbelte alles durcheinander. Sie bewegte sich wie ein Roboter. Das Einzige, was sie fühlte, waren ihre Hände, die ohne Kopfsteuerung weiter arbeiteten. Wie auf Watte stakste sie an die Personalgarderobe. Ihre Hände langten mechanisch in ihre Tasche und holten das Rattengift heraus, ließen die kleine Dose in ihre Kitteltasche gleiten. In der Küche legten ihre Hände drei von den kleinen, im harmlosen rosaglänzenden Pillchen in den Mörser und rieben sie zu Pulver. Ihre Hände richteten vier Portionen Suppen an, und verzierten die Teller der Frauen mit einer kleinen Rose aus Salatblättchen, und die der Männer mit Petersiliensträußchen. Dann rührten ihre Hände das Giftpulver vorsichtig in einen Suppenteller mit Petersiliensträußchen hinein. Danach stellte sie die Teller zurecht. Sie winkte der Azubine, die im Service lernte:

»Bring diese beiden Teller zuerst zu Tisch vier, und dann die anderen zu Tisch drei. Ist alles klar? Haste das intus?« Ihre Stimme versagte ihr fast, sie zittere, und Schweiß brach ihr aus. Sie stürzte im Nebelgeschwader, den nur sie sehen konnte, in die Toilette, weil sich ihr der Magen umdrehte. Sie musste sich erbrechen. Danach stand sie vor dem Spiegel und reinigte sich. Kalter Schweiß glänzte ungesund auf der Stirn. Sie konnte nicht klar denken und war sich ihres Handelns kaum bewusst. Durch den Nebel hörte sie ihre Kollegen laut rufen, einer riss die Waschraumtür auf und schrie:

»Hier bist du! Komm raus, wir brauchen auch deine Hilfe. Ein Gast ist zusammengesackt!« Er sah in ihr Gesicht und erschrak: »Mein Gott, wie siehst du denn aus? Was fehlt dir denn?« Er stützte sie und seine Fürsorglichkeit bewirkte, dass sich der dicke Nebel um sie herum schlagartig auflöste. Der Kopf war wieder klar und sie wusste, was sie getan hatte. Aber sie blieb vollkommen ruhig.

»Das Gift hat gewirkt und der Rettungswagen kommt zu spät!« Die Erkenntnis ließ sie aufatmen, weil Dieter seine Todesstrafe bekommen hatte. Moni dachte nicht an ihre Zukunft und dass sie eine Mörderin war. Sie dachte nicht weiter, sie dachte bloß hämisch daran, dass sie Trauer heucheln musste.

Natürlich würde der Gerichtsmediziner feststellen, dass Dieter vergiftet wurde, weil ja Rattengift im Blut nachweisbar ist. Die Mordkommission fand sicher bald heraus, wer Dieter umgebracht hatte. Sie würden ihr auf die mörderische Spur kommen, aber das war ihr so was von mordsegal! Ihr Leben war ohne Dieter sowieso nichts mehr wert.

Sie lief zu Tisch drei - und dort entgleisten ihr die Gesichtszüge. Sie fasste sich an die Brust - das konnte nicht sein, was sie hier sah!

Dieter blickte sie überrascht an. Schuldbewusst senkte er den Kopf und brachte kein Wort heraus.

Vom Nebentisch nahm Moni leises Weinen und Schluchzen einer Frau wahr. Die Kollegen standen fassungslos an Tisch vier und starrten auf den Mann, der fast unter den Tisch gerutscht war und sich nicht mehr rührte. Moni sah sich wild um. Himmlischer Vater, mein Gott! Der Giftteller war durch Unachtsamkeit von der Auszubildenden vertauscht worden, und Moni hatte den falschen Mann umgebracht!

Das hat sich nicht gelohnt!

»Frei, frei, frei – ich bin endlich frei!«, schmetterte Klaus Seybold laut unter der Dusche. Angenehm warm perlte ihm das Wasser über den Körper. Er war in Hochstimmung, weil er seit gestern endlich geschieden war. Es hatte Monate gedauert, bis seine Frau Helga endlich in die Scheidung eingewilligt hatte. Er war in den letzten Jahren ihr gegenüber immer fieser geworden, auch, weil er abends nach Dienstschluss mit Kumpels durch Kneipen und Bars zog, sich viel in Fitness-Studios aufhielt. Für Helga nahm er sich keine Zeit mehr, frech sagte er ihr ins Gesicht, dass er sich mit anderen Frauen treffen würde, was ja auch der Wahrheit entsprach.

Er sah sich schon lange nach geeigneten Partnerinnen um, die nicht bloß Holz vor den Hütten hatten, sondern auch Kohlen auf der Bank.

Frau Helga weinte damals viel und entschuldigte ihrem Mann fast alles, wenn er nur bloß bei ihr blieb. Unbedingt wollte sie ihn halten. Klaus aber, der ausgebuffte, teils erfolgreiche Banker hatte sie immer nur ausgelacht. Geliebt hatte er Helga nie. Er hatte sie nur geheiratet, weil sie ordentlich Geld mit in die Ehe brachte. Als sie dann bald schwanger wurde, zwang er sie, das Kind abtreiben zu lassen. Er drohte ihr damit, sich scheiden zu lassen, wenn sie beabsichtigte, das Kind zu bekommen.

Klaus Seybold hatte keine Gefühle für seine Mitmenschen, die empfand er nur für sich selbst. Er war kalt und berechnend. Als Helga ihn trotz aller Beleidigungen, die er ihr ständig zufügte, nicht freigeben wollte, brüllte er ihr knallhart ins Gesicht: »Zum allerletzten Mal und zum Mitschreiben: Ich hab dich endgültig aus-ge-liebt!«

Helgas Geld war verbraucht, dank Klaus aufwändigen Lebensstils. Er fuhr einen teuren Sportwagen, trug teure Anzüge, ging gern in Spielbanken und in exklusive Restaurants. Seine Fitness-Klamotten mussten stets mit dem Rennrad harmonieren und dann hatte er auch noch den Bootsführerschein gemacht.

Bei der Scheidung hatte die Familienrichterin erwirkt, dass Klaus seiner Frau Helga die angesparten Aktien, die sein Schwiegervater ihr zur Hochzeit geschenkt hatte, vollkommen überlassen musste, um ihren Lebensunterhalt zu sichern. Seine Ex-Frau war somit vermögender, als er geglaubt hatte. Der Wert der Aktien war ihm nicht bekannt gewesen, weil der Schwiegervater sie immer verwaltet hatte. Das hatte ihn nach der Scheidung wahnsinnig geärgert. Aber nun war's egal, er war frei!

Genüsslich frottierte Klaus seinen Prachtbody und besah sich dabei im Spiegel. Glatte braune Haut, Muskeln an den richtigen Stellen, ein kecker Haarschnitt und stahlblaue Augen machten ihn besonders attraktiv. Oh ja, er war mit sich zufrieden! Fehlte nur noch die vermögende Frau an seiner Seite, denn er konnte sich sein ausschweifendes Luxusleben trotz seines guten Gehaltes niemals leisten. Aber wegen Frauen hatte er keine Probleme, als Sonnyboy konnte er an jedem Finger zehn haben. Die Weiber waren echt scharf auf ihn!

Da war zuerst seine Abteilungsleiterin, die ihn fast schon mit den Augen auffraß und ihm ein Superwochenende zu zweit spendierte. Natürlich hatte er sie flachgelegt, die war rein närrisch nach ihm! Das schmeichelte ihm natürlich, aber sie wurde mit Sicherheit nicht die nächste Frau Seybold, weil ihr Bankkonto nicht Klaus' Wünschen entsprach. Also hatte er kürzlich das Verhältnis beendet, doch die Frau ließ ihn nicht in Ruhe. Sie entwickelte sich zu einer lästigen Stalkerin. Aber trotz dieser Hindernisse hatte er natürlich längst seine Fühler ausgestreckt. Das war für ihn ein leichtes Spiel.

In der Großbank, Klaus' Arbeitsplatz, hatten einige Großanleger Wertpapiere und dicke Konten angelegt. Heimlich hatte er sich Einblick im ein paar dieser Kundenkonten verschafft. Er wusste genau, wo er ansetzen musste, und die Sache schien für ihn recht gut zu laufen.

Ein Geschäftsmann, sein Kunde bei der Großbank, hatte sich eine Stadt-Villa zugelegt und wollte natürlich die Einweihung mit den Honoratioren groß feiern. Sofort hatte sich Klaus angeboten, als Vertreter der Bank daran teilzunehmen.

Dort war er genau richtig, weil der Geschäftsmann zwei ledige Töchter hatte. Warum die noch immer ledig waren, bekam Klaus zu wissen, als er ihnen vorgestellt wurde. »Du heiliger Bim-Bam!«, dachte er erschrocken. »Das sind ja Vogelscheuchen und Männerschrecke!«

Aber er verstellte sich charmant und verbrachte mit Giselle, so hieß die hübschere von den hässlichen Schwestern, den Abend. Dabei erfuhr er, dass Giselle und Nicole Zwillingsschwestern waren. Giselle erzählte lispelnt, dass ihre Mutter bei der Geburt gestorben war.

»Kann ich voll verstehen!«, grinste Klaus in sich hinein. »Die Mama hat sich sicher zu Tode erschrocken, als sie ihre Töchter sah.«

Nicole war ein Ausbund an Hässlichkeit, befand Klaus. Ihr Oberkiefer stand weit vor, so, dass sie die Zähne immer blecken ließ. Sie hatte ein langes Pferdegesicht, dünnes rotes Haar und unzählige Sommersprossen auf der Haut. Sie war mager von Gestalt, außerdem trug sie Schuhe, die an Kindersärge denken ließen. Auch ihr flaschengrünes Designerkleid machte an ihr nichts wett.

Darum hielt sich Klaus lieber an Giselle, die hatte wenigstens ein paar Pfunde mehr auf den Rippen. Ihr Gesicht konnte man sich schön trinken, und die ausgeprägten O-Beine waren nicht immer im Blickfeld. Giselle war die Ältere, weil sie zwanzig Minuten früher auf die Welt gekommen war als Nicole. Sie wurde als zukünftige Chefin und Erbin von Papas Immobiliengeschäft gehandelt.

Klaus blickte auf seine Rolex, verdammt, wo war die Zeit geblieben! Er massierte sich etwas von seinem teuren Parfüm auf die Brust, verteilte etwas in den Achselhöhlen, stieg in den hellen Freizeitanzug, stylte seine schwarze Mähne, steckte seine Mastercard ein, die er vorher noch mit seinem Rest an Reserven aufgefüllt hatte. Man(n) musste ja schließlich etwas vorstellen! Dann schwang er sich elegant in den roten Sportwagen, den er natürlich auf Raten fuhr, und brauste ab. Er war mit Giselle verabredet.

Als er vor der Villa parkte, stöckelte Giselle langsam die Eingangstreppe herunter. »Mann!« ‚dachte Klaus. »Die kann ja nicht mal richtig gehen in den High Heels!« Sie steckte in einem teuren Kostümchen, das sicher einen Monatslohn von Klaus gekostet hatte. Er ging ihr entgegen, nahm ihren Arm und führte sie galant zum Auto.

Oben öffnete sich die große Haustür und der Hausherr winkte leicht zu ihnen herunter. Klaus half Giselle beim Einsteigen. Dabei fiel ihm ein, dass er das für Helga nie getan hatte. Aber was tat man nicht alles für hoffentlich bald zu erwartendes Geld! Dafür baggerte er sogar Schreckschrauben an! Der Papa sah es sicher gern, dass sich Klaus so höflich um seine Tochter bemühte. Er musste wirklich etwas tun, damit sich Giselle schnell ihn verguckte! Er nickte dem Papa zu, stieg ein und fuhr gesittet die Auffahrt hinunter zur Straße. Natürlich hatte Giselle sie beide im teuersten Restaurant der Stadt zum Dinieren angemeldet.

Als Klaus einen Blick in die mit blauem Samt bezogene Speisekarte warf, wurde ihm flau in der Magengegend. »Diese rasanten Preise hauen mich glatt vom edlen Lederstuhl!«, dachte er erschrocken. Aber da musste er nun durch, koste es, was es wolle! Und wenn er morgen nur noch Geld zum Tanken hatte!

Der vornehme Ober ähnelte sehr einem Pinguin, stand erst diskret hinter ihren Stühlen, verzog keine Miene, nahm dann reserviert die Bestellungen entgegen und pries ausgerechnet den teuersten Wein an, als Klaus sich gerade ein Wasser bestellen wollte.

Giselle schnatterte wie eine Gans und kicherte albern herum. Außer Mode, Schuhen und Taschen schien sie nicht sehr viel mehr mehr unter ihrer modischen Frisur zu haben. Darüber wunderte sich Klaus sehr, weil er mit ihr doch unbedingt über Papas Geschäfte reden wollte. Davon musste sie wohl was verstehen, wenn sie den Laden bald übernehmen sollte. Klaus hatte erfahren, dass der alte Hansen in den Ruhestand gehen wollte, um den Winter in Florida zu verbringen. Klaus musste unbedingt an Giselle dranbleiben, auch wenn sie ihm in keinster Weise gefiel, aber das war eben der Preis, den er zahlen musste – was tat man nicht alles für eine gesicherte Zukunft?

Generös bezahlte er das teure Menü, obwohl ihm innerlich übel war. Seine Mastercard war jetzt komplett abgeräumt. Er mochte gar nicht an die kommende Zeit denken, weil er sich ohne Geld nichts mehr erlauben konnte, als nur zu Hause zu sitzen. Er beschloss, für Giselle die große Liebe zu heucheln. Das setzte er auch gleich am nächsten Tag in die Tat um, als sie sich auf sein Drängen wieder trafen.

»Giselle!«, säuselte er und streichelte ihren Nacken. »Du, ich bin ganz narrisch nach dir! Mein Herz steht in Flammen. Ich kann nicht mehr schlafen. Du raubst mir den Verstand! Sag' mir, ob du mich leiden magst!« Sie gnickerte albern, strich ihre schwarzgefärbten Haare zurück und meinte: »Och Klausi! Natürlich mag ich dich! Aber was wird Papi dazu sagen? Ich weiß doch, ich muss einen fähigen Mann heiraten, der Papis Geschäfte weiterführen kann. Ich glaube, der hat schon einen im Visier!«

»Und den willst du etwa heiraten?«, fragte Klaus argwöhnisch. »Wenn Papi das will, mach ich das!«, quietschte Giselle und puderte sich die kurze dicke Nase. Klaus sah schon seine Felle wegschwimmen, was konnte er bloß dagegen tun? Verflixte Situation auch! Er musste einfach schneller sein als sein unbekannter Konkurrent!

In der Nacht schlief Klaus schlecht, nicht, weil er an Giselle dachte, sondern daran, wie er es anstellen konnte, an Giselles Papi heranzukommen und natürlich bald an dessen Vermögen.

Am nächsten Tag gegen Mittag nahm Klaus seinen Mut zusammen und rief schneidig bei Schwiegerpapi in spe an. Der war erstaunt, hörte sich aber an, was denn Klaus Seybolds Anliegen war.

»Sehr verehrter Herr Hansen, würden Sie mir einen Besuch bei Ihnen gestatten? Es geht um Ihre Tochter Giselle. Ich muss gestehen, dass ich mich in sie verliebt habe. Darum möchte ich mit Ihnen sprechen, wenn Sie erlauben.«

Erstmal vernahm er nichts aus dem Hörer, dann ein Räuspern. »Herr Seybold, so ist doch Ihr Name? Ja, das geht mir alles zu schnell. Ich weiß, dass Giselle nur noch von Ihnen schwärmt. Eine wichtige Frage vorweg: Können Sie eine anspruchsvolle Frau, wie Giselle es ist, denn auch ernähren?«

»Mit deinem Geld ganz gewiss!«, dachte Klaus sarkastisch, sagte aber gleich: »Herr Hansen, sicher kann ich das! Sonst würde ich nicht bei Ihnen vorstellig werden wollen!«

»Na denn!«, meinte Herr Hansen etwas spöttisch. »Dann kommen Sie mal, ähh ja, heute Abend bin ich im Hause ... Also gegen 19 Uhr?«

»Danke gerne!«, sagte Klaus höflich und klopfte sich auf die Schenkel, das hatte prima geklappt! Er bewunderte sich schon fast selbst wegen seines Tatendrangs, er war doch ein toller Hecht!

Am Abend stand er pünktlich, mit zwei Blumensträußen bewaffnet vor der Hansen-Villa. Die Hausdame empfing ihn und ging voran zu einem riesigen Wohnzimmer. Hier roch alles nach Geld! Klaus war seltsam zumute, als er daran dachte, dass er einmal der Chef werden könnte.

Aber erst einmal musste er um Giselle werben. Zurückhaltend wurde er von Papi begrüßt, seine Töchter nahmen huldvoll die Blumen entgegen. Dann nahmen alle Platz und sechs Augen betrachteten neugierig den Besucher. Der stand forsch auf, machte einen tiefen Diener in Richtung Papi und rückte mit der Sprache heraus: »Herr Hansen, ich bin hier, um Sie um die Hand Ihrer Tochter Giselle zu bitten. Es ist mir mehr als ernst. Ich möchte Giselle bald heiraten. Ich kann nicht mehr ohne sie leben!« Innerlich seufzte er: »Das ging mir ja mal gut über die Lippen!« Gespannt wartete er auf Reaktionen. Der alte Hansen musterte ihn überlegend, Giselle gnickerte und Nicole sah ihn von der Seite her scharf an.

Doch Klaus wurde nach Hause geschickt, weil erst einmal der Familienrat tagen musste, um über eine eventuelle Hochzeit nachzudenken. Klaus besuchte seinen Kumpel Robert, der eine Autowerkstatt sein Eigen nannte. Er wollte Robert bitten, ihm Geld zu leihen, bis er verheiratet war. Danach sollte er es doppelt zurück bekommen, versprach Klaus, und legte ihm seine rosige Zukunft dar. Robert zögerte, weil er Klaus, den Hallodri, kannte. Aber dann war Robert doch bereit, Klaus ein paar tausend Euro zu überweisen, allerdings verlangte er einen Schuldschein. Die Sache ging klar.

Für Klaus begann eine herrlich aufregende Zeit, alles lief nach seinem Plan. Seit Mai war er mit Giselle verheiratet, lebte mit ihr in der schönen Villa, und Papi Hansen weihte ihn allmählich in die Geschäfte ein. Giselle wollte auch mitarbeiten, aber das ging schlichtweg in die Hose, weil sie sich einfach zu doof anstellte. Ihr Papi konnte einfach nicht begreifen, dass sie gar nichts dazugelernt hatte. Er hatte ihr sogar die höhere Handelsschule bezahlt! Zumindest konnte sie ein bisschen Englisch, aber das war's dann auch schon.

Bald stand eine wichtige Verhandlung an, und Papi, Klaus und sogar Giselle bereiteten sich intensiv darauf vor. Das war sehr anstrengend für alle drei.

Eines Morgens kam Papi dann aber nicht mehr aus dem Bett hoch. Der Arzt kam in die Villa, untersuchte ihn und wies ihn gleich in eine Privatklinik ein. Papi hatte einen Herzinfarkt erlitten. Das bedeutete, dass er länger ausfallen würde. Nun war aber Holland schwer in Not!

Klaus bekam regelrechtes Fracksausen, denn er sollte allein mit Giselle an den Verhandlungstisch. Das traute er sich denn doch nicht zu! Das ging nicht gut! Aber was hatte er für Optionen? Er zermarterte sich sein Hirn, bis Nicole ihn anstieß: »Hey Schwager, was ist los? Kriegst du das morgen etwa nicht hin?«, fragte sie spöttisch. Er erschrak, dachte aber gleich wieder praktisch: »Ich schon, aber bei Giselle bin ich mir gar nicht sicher - sag mal, kannst du nicht mitkommen?« Nicole grinste überlegen und rief im Weggehen: »Bis morgen früh! Ich fahre!«

»Knallhartes Weibsstück das!«, grummelte Klaus. Aber er wusste inzwischen, dass Nicole klug und gewieft war, ganz im Gegensatz zu ihrer Schwester. Sie war als Bibliothekarin für die Universität tätig. Was Klaus bisher nicht wusste: Sie hatte sogar einen Lehrstuhl an der Uni! Eigentlich hätte er sie heiraten sollen, aber sie war ja nicht die Immobilienerbin.

Am nächsten Tag meisterten die beiden das Meeting; die Verhandlungen konnten dank Nicoles Geschick zu aller Zufriedenheit beendet werden. Alle waren hochzufrieden, auch Papi Hansen in seinem Kurort, als er davon erfuhr. Als er später nach Hause zurückkam, wollte er nicht mehr arbeiten, weil er doch sehr geschwächt war.

So flogen die Wochen dahin, alles ging seinen Gang, aber Klaus war nicht zufrieden in seiner Ehe mit Giselle. Sie gab ihm nichts, war gefühlskalt, genauso wie er selbst es war. Seine Frau war viel mehr in Boutiquen als zu Hause, gab haufenweise Geld aus für die neuesten Modelle. Sie litt an Kaufsucht. Nur nach Lust und Laune kam sie mal ins Büro.

Papi Hansen saß oft im Arbeitszimmer und kontrollierte seinen Schwiegersohn. Nein, das war nicht das Leben, das Klaus sich vorgestellt hatte! Er fing an, abends oft wegzugehen. Herrenabende, so sagte er.

Längst hatte er schon wieder mit anderen Frauen angebändelt, hatte hier mal ein Schäferstündchen und dann mal dort ein Techtelmechtel. Aber er war immer vorsichtig, ließ sich nicht erwischen, weil er sein zu erwartendes reiches Erbe nicht verlieren wollte.

Mit der Zeit wurde der alte Hansen Klaus gegenüber richtig gehässig und Klaus wurde auch schon mal frech zu ihm. Ahnte der alte Sack etwa, dass Klaus sich auswärts amüsierte? Der Alte musste verschwinden, aber wie? Intensiv beschäftigte er sich damit, wie er den Schwiegervater unauffällig und ohne Beweise ins Jenseits zu befördern könnte. Diese Gelegenheit bot sich für Klaus schneller, als er denken konnte.

Der alte Hansen saß oben auf dem Flur im Rollstuhl. Die beiden Frauen waren außer Haus und das Personal hatte Ausgang. Der Schwiegervater wollte mit dem Lift die Treppe hinunterfahren, und rief deshalb laut nach Klaus, der ihm dabei helfen sollte, in den Liftsessel zu kommen. Widerwillig griff ihm Klaus kräftig unter die Achseln, hob ihn hoch. »Verdammt, ist der Alte schwer!«, dachte er. Er hievte Hansen an den Lift heran, um ihn in den Sessel zu setzen.

Dabei hatte Klaus einen Geistesblitz und sah seine Chance: Er gab dem Alten einen kräftigen Schubs und stieß ihn die lange Treppe hinunter. Papi Hansen trudelte dumpf die Stufen hinunter, bis er unten still und gekrümmt liegenblieb. Klaus hielt die Luft an, dann lief er hinterher, um festzustellen, ob er ihn wirklich umgebracht hatte. Er prüfte den Puls am Hals und spürte nichts mehr. Blut rann langsam aus dem Mund des toten Hansen und bildete eine kleine Pfütze. Klaus begriff: Er hatte seinen Schwiegervater ins Jenseits befördert. Er sprang hoch und jubelte laut: »Juhuhhh!« Dann rief er die 112 an.

Als alles vorbei war, die große Beerdigung mit allem Drum und Dran, den Tränen von Giselle und Nicole, und alle Trauergäste wieder weg waren, wartete Klaus fieberhaft sechs Wochen lang auf die Testaments-Eröffnung. Nun war es endlich soweit, der Notar brach bedächtig das Siegel auf und verkündete mit ernster Stimme die Verfügung und den letzten Willen von Viktor Hansen.

Klaus wurde schwindelig, als er fassungslos hören musste, was der Notar verlas. Er fasste sich an den Kopf. Das konnte doch wohl nicht wahr sein! Der kalte Schweiß brach ihm aus!

»Mein letzter Wille ist, dass meine zweitgeborene Tochter Nicole Hansen meinen gesamten Besitz und Vermögen erbt, einschließlich der Ferienhäuser in Florida, Gran Canaria und Schweden. Der Grund dazu ist dieser: Mein Schwiegersohn Klaus Seybold ist ein gemeiner Blender, der sich die Ehe mit Giselle heimtückisch und hinterlistig erschlichen hat, nur um an mein Vermögen zu kommen. Daher setze ich Nicole ein, die überlegt handelt und über alles Bescheid weiß. Giselles Erbe wird sie so lange verwalten, bis Giselle von Klaus Seybold geschieden ist. Mein Herr Schwiegersohn wird somit vollkommen leer ausgehen. Er hat nichts anderes verdient!«

Das Superweib

Heinrich von Biesewigs Geschäfte liefen mehr als gut. Alles war im Lot, als er kurz vor seiner Pension stand. Sein Sohn, ebenfalls auf den Namen Heinrich hörend, hatte immer erfolgreich mitgearbeitet, und sollte der neue Chef werden.

Heinrich, der Senior, und Frau Judith hatten vor, die Welt zu bereisen. Aber bald stellte sich heraus, dass Judith krank war. So krank sogar, dass sie bald an dieser Krankheit starb.

Heinrich Senior war unendlich traurig und mied die Öffentlichkeit. Nach vielen Monaten hatte er endlich ausgetrauert und bekam wieder Lust am Leben. Aber allein mochte er nicht bleiben, dazu war er noch zu agil. Diskret fing er an, sich nach verwitweten Damen umzusehen. Die Zukünftige sollte ja auch altersgemäß zu ihm passen.

Nach monatelangem Suchen hatte er immer noch keine Frau gefunden. Wo er auch hinging, an Tanz-Tees teilnahm oder Kurse belegte, er fand nichts Passendes für sich. Entweder waren die Frauen zu jung oder zu alt. Das war aber auch verflixt!

Sein Freund gab ihm den Rat, doch mal ein Inserat aufzugeben und sich darin aussagekräftig zu beschreiben. Das nahm er sofort in Angriff und wartete gespannt, was danach passierte. Erst einmal gar nichts, aber nach etwa drei Wochen kamen viele Briefe mit Fotos von heiratswilligen Frauen. Heinrich machte sich über seine Post her, las vielversprechende Briefe und besah interessante Frauenfotos. Uff! Das waren einfach zu viele auf einmal! Für welche sollte er sich denn bloß entscheiden? Nachts träumte er schon von Frauen, die ihn verfolgten.

Einem Brief aber war kein Foto beigelegt. Das reizte ihn ungemein. Die Frau, die sich als temperamentvoll, lebensfroh und treu beschrieb, wollte er zuallererst kennenlernen.

Sie verabredeten sich in einem noblen Lokal. Erwartungsvoll saß Heinrich mit einer weißen Rose am Revers schon zwanzig Minuten vor der Zeit dort und wartete gespannt auf die Frau. Ein bisschen nervös war er schon, was sollte er ihr sagen, wenn sie ihm nicht gefiel?

Aber dann kam sie und zwar pünktlich auf die Minute. Groß und schlank, mit langen, schwarzen Locken und leuchtend großen braunen Augen, in ein buntes, langes Kleid gehüllt, kam sie mit klimpernden, silbernen Ohrringen und Armbändern wiegenden Schrittes auf ihn zu.

Heinrich blieb förmlich die Spucke weg! Sein Hals war auf einmal trocken.

Das war sie! Seine Traumfrau! So etwas Schönes war ihm noch nie begegnet! Er wollte aufstehen, aber die Beine knickten einfach ein. Sie setzte sich ihm gegenüber, reichte ihm ihre Hand und begrüßte ihn mit einer aufregenden, rauchigen Stimme, die dem armen Heinrich fast die Sinne raubte. Ihm war richtig tüdelig im Kopf, gerade so, als wenn hundert Bienen darin schwirrten.

»Mein Gott nochmal!«, dachte er. »Lass mich vernünftig sein!«

Die Wahnsinnsfrau erzählte ihm, dass sie Witwe sei, keine Kinder hatte, und schon länger einen lieben Partner suchte. Heinrich bekam zu wissen, dass sie bloß eine kleine Rente hatte. Aber das nahm er nur am Rande wahr. Selbst wenn sie gar nichts hätte, er hatte ja genug zum Leben für zwei!

Heinrichs Verliebtheit hielt an und sechs Wochen später zog Sybilla, die Wahnsinnsfrau, zu ihm in seine Villa. Die beiden lebten auf Wolke 7, fuhren auf Kreuzfahrtschiffen und heirateten in Johannesburg.

Anfangs hatte Heinrichs Schwester große Bedenken wegen der unbekannten Frau an seiner Seite, weil keiner wusste, woher sie kam, und besonders, weil sie über 20 Jahre jünger war als Heinrich.

Aber Heinrich schlug alle Bedenken in den Wind, sogar, als die Kripo bei ihm auftauchte, und nach einer Frau Brunhilde fragte. Was ging es ihn an?

Den Winter verbrachte das Paar auf Teneriffa in Heinrichs Ferienhaus. Jeden Abend vor dem Zubett-Gehen mixte Sybilla einen wundervollen Früchtedrink. Danach war Heinrich immer angenehm müde, aber das gefiel ihm nicht, weil er seinen ehelichen Pflichten so nicht nachkommen konnte. Sybilla aber nahm ihn einfach in ihre Arme und sie schliefen gemeinsam ein.

Als die beiden im nächsten Frühjahr wieder nach Hause kamen, war Heinrich Junior mit Frau Eva anwesend. Sie wollten endlich Vaters neue Frau kennenlernen. Heinrich Junior bekam direkt Stielaugen, als er Sybilla sah. Sein Herz schlug Purzelbäume in der Brust, als ihm Sybilla lange in die Augen sah, ihm die Hand drückte, und ihm mit ihrer außergewöhnlichen Stimme, die sie noch eine Oktave tiefer geschraubt hatte, fast die Sinne vernebelte.

Eva nahm ihn zur Seite, damit er wieder zu sich kam. Sie ahnte gleich die Gefahr, die von der geheimnisvollen Sybilla ausging. Die konnte Männer in Null Komma Nix glatt um den Verstand bringen! Den selbigen hatte sie Schwiegervater Heinrich ja schon längst verhext. Der machte alles, was sie wollte. Ohnehin schien Heinrich Senior schwach auf den Beinen zu sein, weil er sich überall festhalten musste.

Er griente immer nur ein bisschen blöde und verliebt, als Eva ihn nach seinem Gesundheitszustand fragte: »Ach, weißt du, mir geht es sau-gut. Ich kriege von Sybilla schöne Säfte. Und die allerbeste Medizin ist sie selbst für mich!«

Eva befand sich danach im Alarmzustand. Sie merkte nämlich, dass auch ihr Heinrich ein bisschen wirre im Kopf wurde, wenn er Sybilla mit Stielaugen nachblickte. Also distanzierte sich in der Folge das Ehepaar Junior von Schwiegervater und Frau.

Wochen später lag Evas Mutter schwerkrank im Bett. Eva fuhr zu ihr und half ihr durch die schwere Zeit, bis dann gnädig das Ende kam. Danach kam Eva wieder nach Hause und bemerkte, dass sich ihr Heinrich verändert hatte, und er gar nicht erfreut war, sie wieder zu Hause zu haben. Er fuhr oft weg und hielt sich länger, auch über Nacht, in Schwiegervaters Villa auf.

Sie ging der Sache nach und erfuhr, dass Heinrich Senior nach einem Herzinfarkt im Krankenhaus und Heinrich Junior bei Frau Sybilla im Bett lag.

Natürlich ließ Eva ein heftiges Donnerwetter vom Stapel, aber ihr untreuer Heinrich gab zur Antwort, dass er die Scheidung wollte, weil er sich in Sybilla verliebt hatte.

Über Eva brach die Welt zusammen, aber sie wäre nicht Eva, wenn sie nicht nach einem Ausweg aus diesem Dilemma suchte. Und den fand sie, indem sie sich mit Heinrich Senior in der Klinik unterhielt. Dort hatte man nämlich festgestellt, dass das Blut des Patienten Heinrich von Biesewig hochgradig verklebt war. Außerdem litt er an Magen- und Darmproblemen. Zur Zeit konnte man sich noch nicht erklären, woher diese Krankheitsbilder kamen.

Als Heinrich Senior entlassen wurde und zu Hause ankam, war seine Traumfrau weg und mit ihr die meisten Spareinlagen. Aber das war noch nicht Schocking genug. Eva kam mit verheultem Gesicht und teilte ihm mit, dass auch ihr Ehemann Heinrich unbekannt weggezogen war und die Scheidung wollte. Oh, nun war aber das Malheur groß!

Heinrich Senior fiel vom Glauben ab und auch vom Sofa. Seine Welt brach zusammen, weil es ihm nun endgültig dämmerte, dass seine Sybilla eine Betrügerin war. Was hatte sie vor? Auch noch Heinrich Junior schachmatt zu setzen und ihm ebenfalls das Geld zu klauen? Er fing an zu zittern und urplötzlich schlug seine heiße Liebe in kalte Wut um.

Er rief die Polizei an. Die schickte gleich zwei Kommissarinnen, deren Augen böse funkelten, als Heinrich seine Geschichte erzählte. Sie wussten schon Bescheid über eine Heiratsschwindlerin namens Herta Knief, gebürtig aus Dortmund, wo sie ebenfalls gesucht wurde.

»Die Knief ist ausgebufft! Vier Mal hat sie mit Erfolg reiche Männer verrückt gemacht, die Heirat erschwindelt, zwei Ehemänner vergiftet, und danach viel Geld eingesackt, weil sie Kontovollmacht erhielt. Sie hat immer wieder Namen und Aussehen verändert und die Orte gewechselt, bis sie nach einigen Anzeigen auffällig wurde. Sie wird die schwarze Witwe genannt. Wir verfolgen ihre giftigen Spuren, weil uns ihr Aufenthalt seit längerem bekannt ist.«

Heinrich Senior dachte scharf nach. Ihm fielen die köstlichen Drinks ein, die ihm »Sybilla« jeden Abend serviert hatte. Einmal hatte er zugesehen, wie sie die Drinks frisch zubereitet hatte. Sie nahm eine Banane, eine halbe Grapefruit, ein Viertel Mango und zwei Schnitzel grüne Paprika, mixte alles fein,verteilte die Mischung in zwei Kelche und füllte das Ganze mit Sekt auf. Nach dem Genuss des Drinks war ihm meistens wunderlich zumute, und sein Magen rebellierte ein bisschen, warum eigentlich? Sie trank das Zeugs doch auch - nee halt - meist nippte sie bloß daran und ging dann damit zurück in die Küche. Nun war ihm klar, dass sie dort wohl heimlich ihr Glas ausgegossen hatte!

Die Drinks waren nicht koscher! In Gedanken ging er noch Mal alle Obstsorten durch, die sie verwendet hatte, bis auf die Paprika, waren das überhaupt Paprika? Oder grüne Bohnen? Heinrich holte sich Rat bei Google, was nach dem Genuss von grünen Bohnen passierte:

»Gekochte grüne Bohnen sind vollkommen unbedenklich und gesund. Roh jedoch reichen schon drei bis zehn grüne Bohnen für einen Erwachsenen aus, um innerhalb der nächsten Stunde schwerwiegende Vergiftungserscheinungen auszulösen. Das darin enthaltene Gift Phasin sorgt dafür, dass die roten Blutkörperchen verkleben. Dieses kann zu Magen-Darm-Problemen führen, im Extremfall sogar zum Tod.«

Heinrich war entsetzt, war er in den letzten Momenten dem Teufel noch von der Schippe gesprungen? Aber nun war sein Sohnemann in großer Gefahr! Im Netz der schwarzen Witwe! Den musste er retten!

Mit Hilfe der Kripo-Beamtinnen fand er heraus, wo sich Heinrich Junior mit Sybilla aufhielt, und machte einen Plan.

Ein dynamischer junger Mitarbeiter in Heinrich Juniors Firma ging einen Deal mit Heinrich Senior ein: Er schaffte es, mit charmantem und großartigem Gehabe, Frau Sybillas Aufmerksamkeit zu erregen. Die war sich sicher, dass sie nun den größten Fisch an Land ziehen konnte. Sogleich ließ sie alle Heinrichs Heinrich sein und nahm sich allein ein komfortables Hotelzimmer.

Der neue, reiche und vor allem herrlich junge Fisch ging mit ihr tanzen, begleitete sie in Boutiquen, bezahlte Kleider und Schmuck und lud sie zu sich in seine Hotelsuite ein.

Dort tranken sie sich mächtig einen an mit tollen Drinks aus seiner Spezial-Bar, bis ihr irgendwann schlecht zuwege war. Er begleitete sie hinaus auf die Straße, sie torkelten um einige Ecken herum. Dann rief er ein Taxi, drückte ihr noch vorsorglich die halbleere Flasche mit dem Sektgemisch in den Arm, bezahlte den knurrenden Fahrer fürstlich, drehte sich um und ging ziemlich nüchtern zurück. Wenn alles nach Wunsch gelaufen war, war ihm die Beförderung aber sicher.

Und es ging alles nach Wunsch! In der BILD-Zeitung stand am nächsten Tag als Überschrift: »Selbstmord einer lang gesuchten Mörderin und Heiratsschwindlerin!

Herta Knief brachte sich in ihrem Hotelzimmer mit in Sekt gemischtem Gift um. Es wird vermutet, dass sie damit ihrer Verhaftung und einer zu erwarteten lebenslangen Haftstrafe entgehen wollte.«

Heinrich Senior saß im Sessel, ließ erleichtert die Zeitung fallen und sagte laut vor sich hin: »Nun bin ich wahrhaftig der Witwer der schwarzen Witwe!«

Der Camping-Mörder

Endlich herrschte Ruhe auf dem großen Campingplatz am See. Ab zehn Uhr abends sollte alles still sein, sonst wäre es Ruhestörung zur Schlafenszeit. Deshalb schloss der Campingwart auch jeden Abend zu dieser Zeit das große Tor, dann sollte keiner mehr raus und niemand mehr reinkommen.

Auf dem Campingplatz stand Zelt an Zelt. Es waren Sommerferien und deshalb war jeder Platz besetzt. Den ganzen Tag über hatte große Hitze geherrscht, weil die Sonne ununterbrochen vom blauen Himmel herunter geschienen hatte. Die Dunkelheit senkte sich langsam über See und Campingplatz und brachte etwas Abkühlung.

Der bleiche Halbmond blinzelte durch Wolkenfetzen, die an ihm vorüberzogen. Ein lauer Wind strich über den Platz, ließ die Blätter an den Bäumen und Büschen leise rascheln. Die Nacht hielt Einzug und löste den heißen Tag ab.

Aber der Nachtfrieden täuschte: Durch die buschige, dicke Hecke stieg vorsichtig eine Gestalt, schwarz bekleidet mit einem Rucksack auf dem Rücken. Der Mensch blieb stehen, spähte um sich, pirschte sich langsam und fast geräuschlos durch die schmalen Gänge zwischen den Zelten, blieb wieder reglos stehen, schlich gebückt weiter, ließ ab und zu ganz kurz eine Taschenlampe aufblitzen, gerade so, als ob er ein bestimmtes Zelt suchte.

Minutenlang schlich er durch die schmalen Wege an den Zelten entlang, duckte sich weg, wenn sich etwas rührte. Jemand öffnete gerade seinen Zelteingang, kroch heraus und setzte sich davor. Die schwarze Gestalt schlich sich wie eine Schlange geräuschlos heran und beobachtete den Menschen, bis der wieder in sein Zelt zurück kroch. Der Schwarze robbte weiter und leuchtete kurz auf das Wegschild Heckenweg. Danach verlor sich die unheimliche Gestalt. Hatte sie sich hinter den großen Büschen am Waschhaus versteckt oder war sie weg?

Kurz blitzte der Mond hinter einer schwarzen Wolke hindurch, als gerade in diesem Moment eine Eule schaurig klagend durch den warmen Nachtwind heulte – und plötzlich klang ein gellender Schrei entsetzlich laut über den Campingplatz! Dann war noch ein Angstschrei zu hören.

Dann war es totenstill! Nach diesen Schrecken waren wohl fast alle Camper aus dem Schlaf gerissen. Viele stürzten aus ihren Zelten, riefen sich etwas zu, und liefen wild in der Dunkelheit umher, als ob sie etwas suchten. Eine einzelne Schattengestalt huschte gebückt durch den Heckenweg und verschwand in einem Zelt.

Eine einzelne Schattengestalt huschte gebückt durch den Heckenweg und verschwand in dem Zelt, vor dem zuvor ein Mann einen Moment lang gesessen hatte. Ein erschrecktes: »Was soll das?« war zu hören, eine kurze Rangelei erschütterte die Zeltwände und dann war es still.

Minuten später war auf dem Campingplatz aber auch alles in Aufruhr. Mit Blaulicht rasten Polizeiautos heran, das Tor war offen und der Platz taghell ausgeleuchtet. Uniformierte liefen durch die Wege zwischen den Zelten, riefen sich laut etwas zu. Ein Camper hatte schon das Zelt gefunden, aus dem die Schreie gekommen waren. Er hatte es geöffnet, hatte hineingerufen und im Lichtkegel seiner Taschenlampe das viele Blut gesehen.

Die Polizisten waren erschüttert, als sie das Zelt inspizierten. Zwei Menschen, ein Mann und eine Frau, lagen auf ihren Zeltbetten, und darunter sammelten sich große Blutlachen. Jemand hatte den beiden Menschen die Pulsadern sauber längs aufgeschnitten. Blutige Rinnsale tropften noch an den Armen herunter. Ein grausiges Bild! Vor dem tödlichen Aderlass war das Paar sicher betäubt worden. Bei beiden konnte nur noch der Tod festgestellt werden.

Die Suche nach dem Mörder begann sofort. Die ganze Umgebung des Campingplatzes und des Sees wurde abgesucht und auch alle Straßen kontrolliert. Noch in der Nacht übernahm die Mordkommission diesen Fall. Die Untersuchungen in und um das Mord-Zelt waren mit Hochdruck im Gange, bis der Gerichtsmediziner die toten Menschen endlich abholen ließ.

Bis zum nächsten späten Vormittag hatten sich die Ermittlungen auf dem Platz hingezogen, nachdem die meisten Campingfreunde befragt worden waren. Aber die Anmeldeliste mit den Namen der Camper sollte noch einmal überprüft werden. Dazu sollten sich alle Camper am Nachmittag im Gemeinschaftsraum versammeln. Keiner durfte bis dahin den Platz verlassen.

Einige Männer beäugten sich misstrauisch, weil hier praktisch jeder der Mörder sein konnte. Die Polizei hatte an Hand der Spurensicherung ermittelt, dass verdächtige Schuhabdrücke der Größe 46

gefunden worden waren. Es war ganz klar, dass sich nun die Männer, die große Füße hatten, misstrauisch auf die Schuhe guckten.

Die polizeilichen Ermittlungen brachten keine Ergebnisse. Aber die Männer mit Schuhgröße 46 wurden einzeln verhört und mussten ein stichhaltiges Alibi abliefern. Alle konnten beweisen, wo sie zur Tatzeit waren, weil ihre Begleiterinnen ja neben ihnen in den Zelten gelegen hatten.

Aber wer war der Mörder? Wo war er? Was war sein Tatmotiv?

Die Polizei ging davon aus, dass sich der Mörder sofort nach der Tat entfernt hatte und längst über alle Berge war. Die Fahndung nach einem Unbekannten mit Schuhgröße 46 lief fieberhaft weiter.

Die Camper durften sich anderntags wieder frei bewegen, viele reisten ab und neue Urlauber kamen. Das normale Leben nahm wieder Fahrt auf. Doch einigen Campern, die geblieben waren, saß nach den brutalen Morden noch die Angst im Nacken. Sie fühlten sich hier nicht mehr sicher.

In einem Zelt am Heckenweg packte jemand in aller Ruhe seinen Rucksack. Sorgfältig wurde eine kleine Ätherflasche und ein Chirurgenmesser in Tücher eingewickelt, ebenso ein Paar Sportschuhe in Größe 46 und ein Paar Latexhandschuhe. Darüber wurde ein Badetuch und eine Wasserflasche im Rucksack verstaut. Der Schlafsack wurde zusammengerollt. Das ausgehobene und wieder festgedrückte Grasquadrat, das sich unter dem Schlafsack befunden hatte, hatte bei der Durchsuchung nicht preisgegeben, dass hier Mordwerkzeuge versteckt waren. Der Täter hatte dieses Zelt schon Tage vor den geplanten Morden gemietet. Das hatte ihm gestattet, nach dem Doppelmord im Zelt zu bleiben und erst mal abzuwarten, bis sich der Polizeisturm wieder gelegt hatte.

In dem Zelt mit dem Geheimnis unter dem Schlafsack hatte sich der Mörder eine Zeitlang sicher gefühlt ohne aufzufallen. Er sah sich im Zelt um und murmelte: »Camping bedeutet ja wohl, wenn man die eigene Verwahrlosung als Erholung empfindet.«

Diese Person machte sich dann schleunigst auf den Weg nach Hause, weil die Arbeit als Arzt im Krankenhaus wartete. Die Mordswut war verrauscht, weil die beiden Menschen, das Paar im Zelt, endlich bestraft worden waren. Vor Jahren hatten sie das Leben des Mörders zerstört. Der Mann hatte seine Stieftochter brutal vergewaltigt und danach umgebracht. Der Mord konnte ihm nicht nachgewiesen werden. Jahrelang hatte er seine Ehefrau betrogen, das gemeinsame Haus verzockt, das Bankkonto leer geräumt und war zu seiner Geliebten gezogen. Vorher aber hatte die Geliebte noch versucht, die Ehefrau des Mannes mit einem Giftcocktail ins Jenseits zu befördern, als alle drei zusammensaßen, um einigermaßen anständig aus dieser Affäre heraus zu kommen. Aber die Ehefrau bemerkte den fiesen Anschlag und goss den Inhalt ihres Glases der Konkurrentin ins Gesicht. Danach verließen der

Ehemann und seine Geliebte hohnlachend das verschuldete Haus. Die Ehefrau blieb mit nichts als Schulden und Wut zurück.

Die betrogene und um ihre Tochter trauernde Frau hatte damals bittere Rache geschworen. Das elende, teuflische Paar sollte büßen. Es musste bald geschehen, bevor es noch mehr Unheil anrichtete.

Das alles ging dem Mörder noch einmal durch den Kopf, als er das Zelt verließ. Ein befreiendes Lächeln erhellte sein Gesicht. Für diese Campingmorde würde es nie Zeugen geben.

Zu Hause angekommen, ging es unter die Dusche, dann gab's einen starken Kaffee, mit Genuss getrunken, und Frau Doktor machte sich fröhlich pfeifend in Schuhgröße 38 auf den Weg ins Krankenhaus.

In ihr steckte der Teufel!

»Sie hat es schon wieder getan!«, weinte die vierzehnjährige Catrin laut und fiel ihrer Mama in die Arme. Liebevoll drückte die ihr Mädchen an sich, bis das Schluchzen aufhörte.

»Mama«, flüsterte Catrin, »so geht das nicht weiter! Tante Thekla ist ein Teufel! Sie schlägt uns beide noch kaputt. Wir müssen hier weg!«

Mama Lilo besah sich das Gesicht von Catrin, auf der linken Seite war ein roter Streifen zu sehen.

»Lass uns packen, Mama, und dann nichts wie weg von hier!«, forderte das Mädchen. Mama Lilo wollte beruhigen.

»Mein Schatz, hab noch ein bisschen Geduld. Ich lasse mir etwas einfallen, damit es uns beiden hier bald besser geht. Wo sollten wir denn wohl hin? Wir haben nur diese Bleibe hier, seit Papa verunglückt ist. Das weißt du doch!«

Schon längst überlegte Lilo, wie sie Herr über ihre herrschsüchtige und gemeine Tante Thekla werden könnte. Manchmal hegte sie sogar Mordgedanken, wie sie sich von der bösartigen Tante erlösen könnte. Die Tante war gehbehindert, fast 90 Jahre alt und wohl noch immer Jungfrau. Das nahm Lilo zumindest an, weil die Tante nie geheiratet hatte.

Sie mochte keine Männer. Sicher hatte sie früher einige Eheanwärter in die Flucht geschlagen. Tante Thekla war die behütete Haustochter ihrer Mutter gewesen, deshalb brauchte sie auch nie zu arbeiten. Der Vater hatte sich schon in jungen Ehejahren von der herrsüchtigen Mutter getrennt.

Das Schlimme war, dass die Tante zu jeder Zeit quengelig und immer höchst unzufrieden war. Sie lebte einsam in ihrem Haus, weil es niemand mit ihrer herrschsüchtigen Art aushielt.

Lilo und Catrin waren ihre allerletzten Anverwandten, die meisten lebten ohnehin nicht mehr, ein jüngerer Bruder sollte sich schon lange von ihr losgesagt haben und unbekannt verzogen sein. Tante Thekla hatte von ihren Eltern ein großes Haus geerbt und ein dickes Bankkonto noch dazu. Das war ihre Macht und die spielte sie voll aus.

Als ihre Nichte Lilo in Not geriet, weil ihr Ehemann einen tödlichen Unfall erlitt und sie danach nicht wusste wohin, als ihr ihre Wohnung auch noch wegen Eigenbedarf gekündigt wurde, konnte sie mit Tochter Catrin bei Tante Thekla unterkommen.

Sie durften hier mietfrei wohnen, aber das war kein Honiglecken, weil sie die Mägde der garstigen Tante wurden. Immer mussten sie zur Stelle sein, wenn Tante Thekla ihnen Befehle erteilte, auch gerne nachts. Nichts konnten sie dem Drachen recht machen, immer meckerte sie lautstark mit einer grässlichen Stimme. Und sie war äußerst gefährlich! Thekla war nämlich mit einem Schlagstock bewaffnet, ihrem Handstock, den sie immer bei sich hatte. Mit dem Ding haute sie zu, wenn sie wütend war. Es war ihr ganz egal, ob sie Lilo oder Catrin damit im Gesicht oder am Körper traf. Hinter jedem Schlag saß so viel Kraft, dass es den Opfern tagelang weh tat und sie blaue Flecken bekamen.

Lilo sollte ihren Job aufgeben, um die Tante zu versorgen, und Catrin musste der gehassten Tante immer erst vorlesen, wenn sie aus der Schule kam. Wenn sie sich einmal verlas, schlug die Tante mit dem Stock nach ihr, aber Catrin konnte sich meistens wegducken. Lilo machte Home-Office, so gut es ging, meistens, wenn die Tante schlief.

Lilo musste auf der unbequemen Couch neben Tante Theklas Schlafzimmer übernachten, weil die Tante das verlangte. Morgens taten ihr alle Knochen weh, wenn die Tante sie um fünf Uhr früh wach rief. Dann wollte sie ihren Kaffee, aber fix und dalli!

Noch nie hatte Lilo ein freundliches Wort und geschweige denn ein Danke bekommen, obwohl sie sich bemühte, dem alten Drachen freundlich zu begegnen. Nicht mal die selbst gekochten, frischen Mahlzeiten von Lilo ließ sie sich schmecken. Es kam oft vor, dass sie den vollen Teller vom Tisch fegte und dann mit ihrem Stock auf den Tisch donnerte, dass dabei Geschirr zersprang.

Immer blickte die böse Tante wie eine wütende Bulldogge um sich. Ob sie wohl jemals gelacht hatte?

Schlimm war auch immer, wenn Lilo ihr beim Duschen helfen musste. Das war kaum zu beschreiben! Grün und blau geprügelt flüchtete sich Lilo manchmal nass und gedemütigt nach der Dusch-Aktion in die Küche und weinte.

»Thekla ist geistig gestört!«, dachte sie und sann nach erlösenden Lösungen. Die Tante gehörte in die Psychiatrie, aber sie würde niemals freiwillig ihr Haus verlassen. Warum starb die Teufelin nicht einfach an Herzversagen, wenn mit Geschrei ihre Wutanfälle kamen? Lilo war doch kein Eigentum der verrückten Tante! Das musste sie ihr aber wirklich bald klarmachen und wenn es mit Gewalt war!

Das passierte schon am nächsten Tag, als Tante Thekla gut versorgt nach Waschen, Essen und Trinken, in ihrem Sessel thronte, mit dem Stock um sich schlug und mit schriller Stimme nach Lilo rief, die sofort angestürzt kam.

»Sofort hast du hier zu sein, du Faultier, du! Sitzt hier nur rum und nutzt mich aus, wo du nur kannst! Ich schreie mir die Seele aus dem Hals und du überhörst das immer, du Schlampe! Hilf mir gefälligst mal hoch zum Rollstuhl.« Lilo bückte sich, wollte die Arme zur Hilfe um die Tante legen, um sie hochzuziehen. Doch in diesem Moment holte der alte Drachen ordentlich zum Schlag aus und schlug ihr mit dem Stock über den Rücken, dass ihr fast die Luft wegblieb.

Sie fiel hin und als sie wieder aufstehen wollte, kreiste schon wieder der Schlagstock über ihr und sie konnte gerade noch zur Seite ausweichen. Wild schreiend und schwer atmend schlug die Tante um sich, bis ihr der Stock aus der Hand fiel. Sofort griff Lilo danach und schlug reflexartig damit der schrecklichen Tante über den Kopf. Die riss die Augen weit auf, röchelte laut, kippte schräg nach vorn vom Sessel und bummste mit dem Kopf hart und dumpf gegen die kostbare, schwere Bodenvase. Auf dem Bauch blieb die Teufels-Tante liegen, zuckte noch ein paar Male und tat dann den letzten Seufzer. Dann rührte sie sich nicht mehr.

Fasziniert betrachtete Lilo das extreme Ereignis vor sich. Sie saß noch lange auf dem Teppich und konnte nicht glauben, was sie sah. Der Teufel war tot! Der stand nie wieder auf, der schlug und schrie auch nicht mehr. Was nun? Sie musste jetzt handeln! Langsam stand sie auf, der Rücken schmerzte ihr sehr.

Alles war totenstill im Haus, richtig unheimlich! Ihr schauderte mächtig, aber sie nahm ihren Mut zusammen und beugte sich über Tante Thekla. Ein kleines Blut-Rinnsal tröpfelte leicht von der rechten Kopfseite. Kein Puls war spürbar. Ja, der Drachen war endgültig erledigt!

Oh Gott! War sie eine Mörderin? Lilo bekam es mit der Angst zu tun, und ihr wurde es im Hals eng.

»Nein! Ich habe nicht gemordet, das war Notwehr, einwandfrei!« Auf einmal musste Lilo laut lachen, ein richtiger Befreiungs-Lachkrampf schüttelte sie, bis die Rückenschmerzen ihr Einhalt geboten.

Zum Glück war Catrin noch in der Schule, als Lilo den Hausarzt von Tante Thekla anrief und von dem Vorfall berichtete. Der Doktor war schon fast in seiner Pensionierungsfeier, aber diesen Fall wollte er noch erledigen. Er benachrichtigte auch gleich einen Bestatter, der mit seinen Gehilfen und einem Sarg kam. Der Doktor untersuchte kurz die tote Tante neben der antiken Vase, stellte den Totenschein aus und die

Bestatter machten ihre Arbeit, indem sie Tante Theklas friedvollen Körper in den Sarg legten und mitnahmen. Der Doktor drückte Lilo sein Beileid aus und verabschiedete sich mit den Worten:

»Frau Thekla hat wahrhaft ein hohes Alter erreicht. Sie hatte einen Schwächeanfall, das Herz wollte nicht mehr, und dann ist sie aus dem Sessel gefallen und mit ihrem Kopf auf die Vase geknallt. Daran ist sie sogleich verstorben. Gönnen Sie ihr den Frieden, Frau Lilo, und trauern Sie nicht so lange!«

Lilo atmete tief durch und sagte mit voller Überzeugung: »Ja, ich gönne ihr die Ruhe, aber so was von Herzen!«

Die gefährliche Mutter

»Mein Gott, Christa! Mach doch keinen Scheiß!«, rief Johannes Wauters und beugte sich über seine Freundin. Die saß am Tisch, riss die Augen weit auf und röchelte wild.

»Mutter, ruf den Notdienst an - nee, gleich den Krankenwagen! Mach schnell!,« schrie er laut seiner Mutter zu, die steif am Tisch saß, und sich das Specktakel mit Christa besah. Dann stand sie gemächlich auf und rief 112 an.

Johannes riss seine Freundin hoch, klopfte kräftig auf ihren Rücken. Das half nichts, sie röchelte nur noch lauter und stöhnte dabei. Er zog sie zum Sofa hin, aber dann sackte sie in sich zusammen und machte keinen Mucks mehr. Er drückte auf ihr Brustbein, wollte sie wiederbeleben. Dann hörte er endlich den Notdienst!

Eine Ärztin und zwei Sanitäter stürmten ins Haus zum Sofa hin, wo die regungslose Christa lag. Sie sprachen sie an, legten sie auf den Fußboden und hantierten mit allerlei Gerätschaften an ihr herum. Ein Sanitäter schob Johannes forsch in den Flur, damit er aus dem Wege war. Johannes war dermaßen aufgeregt, dass er mächtig zitterte. Was war denn bloß mit Christa passiert? War ihr etwas vom Essen im Halse stecken geblieben? Er hatte Christa zum ersten mal mit nach Hause gebracht, um sie der Mutter vorzustellen. Er meinte es richtig ernst mit ihr, er wollte sie auch heiraten, wenn Mutter endlich ihr OK gegeben hatte.

Mutter und er unterhielten eine kleine Landwirtschaft mit zwanzig Kühen, viel Jungvieh, Hühner und Enten, Ackerland und Weiden. Ein Erntehelfer, der auch gleichzeitig der Melker war, wohnte im Fremdenzimmer unterm Dach. Sie waren Selbstversorger, kauften fast nichts dazu. Mutter war äußerst sparsam und legte jeden Cent auf die hohe Kante für schlechte Zeiten.

Johannes Vater lag schon lange auf dem Kirchhof, er war an einem Herzinfarkt zu Tode gekommen. Johannes war das einzige Kind geblieben und war Mutters Ein und Alles. Jahrelang lebten beide in Frieden zusammen, weil Johannes alles tat, was Mutter wollte. Als er die Dreißig erreicht hatte, wollte er auch gern ausgehen und sich nach Mädels umsehen. Jedes Mal, wenn er das Haus verließ, knurrte Mutter, dass er unnütz das Geld herausschmiss.

Eines Sonntags brachte er die kesse Kitty mit nach Hause. Die hatte schon etliche Erfahrungen mit Männern hinter sich. Sie tanzte förmlich in ihrem bunten Sommerkleid selbstbewusst auf seine Mutter zu, die total überrascht war. Dieses Mädchen kam für ihren Sohn überhaupt nicht infrage!

Sie ekelte das freche Mädchen mit scharfen Worten aus dem Haus. Dabei hätte es Kitty sehr gefallen, hier als Bäuerin einzuziehen, aber im Hause musste dann vorher dringend vieles renoviert werden. Darauf hätte sie bestanden, aber dann war ja Schluss mit Kitty.

Er war mit Mutter allein, bis ihn wieder der Hafer stach. Er ging heimlich aus und lernte Katrin kennen. Das war eine einfache feine Deern, die nahm er mit nach Hause zu Mama. Aber Mutter war auch gegen Katrin, sie wollte absolut keine andere Frau im Hause haben.

So gingen die Monate dahin, bis eines Tages eine ältere Frau auf den Bauernhof kam und nach Johannes verlangte. Mutter wies sie ab.

»Johannes ist nicht da! Machen Sie, dass Sie hier wegkommen!«

Die fremde Frau baute sich entrüstet vor Mutter Wauters auf.

»Sie haben meine Tochter Katrin sehr unglücklich gemacht! Sie liebt Johannes noch immer! Warum lassen Sie die beiden nicht zusammenkommen?«

»Johannes braucht keine Frau! Er hat ja mich!«, herrschte Mutter die Frau an.

Die schlug zurück mit diesen Worten: »Sie sind so brutal! Johannes hat ein Anrecht auf sein eigenes Leben. Sie sind doch wie das alte Testament, grau und verstaubt! Sie müssten unter Maulkorbpflicht fallen, Sie Dragoner!«

Nach diesem Vorfall kehrte wieder Ruhe ein, bis Johannes Christa kennenlernte. Mutter fiel aus allen Wolken, weil sie gedacht hatte, dass Johannes kein Interesse mehr an Weibern hatte. Sie willigte knurrend ein, er sollte man seine neue Freundin mitbringen. Sie briet einen tollen Schweinebraten mit Soße, die es in sich hatte, nämlich Teile von fein geraspelten Fingerhut-Stängeln. Der rote Fingerhut blühte jedes Jahr hinten im Garten. Nun konnte er mal seinen giftigen Zweck erfüllen.

Mutter wusste genau, dass Johannes keine Soße mochte, und sie selbst wusste sich zu bewahren.

Christa langte herzhaft zu, fand die Soße großartig und nahm nochmal nach. Nach kurzer Zeit jedoch wurde ihr schlecht und schwindelig, das Herz raste wie verrückt. Und dann kippte sie um.

Zwei Wochen musste Christa im Krankenhaus liegen. Der Doktor hatte sehr starke Giftstoffe in ihrem Körper festgestellt. Sie wurde mit Kohletabletten behandelt, um die Stoffe auszutreiben. Danach kam sie zu einer langen Reha-Kur. Ihr war klar, dass sie dem Tod man so eben noch von der Schippe gesprungen war. Sie fühlte sich immer noch schlapp und elend. Das hatte sie Johannes Mutter zu verdanken. Das Biest hatte die Soße vergiftet! Und Christas Gesundheit damit stark beeinträchtigt!

Später hatte Christa noch versucht, mit Johannes darüber zu reden, aber er wehrte heftig ab und nahm seine Mutter sogar noch in Schutz! Christa wollte Anzeige erstatten, aber Johannes hatte sie inständig gebeten, davon Abstand zu nehmen. Er bot ihr einen Scheck an, aber das war Christa einfach zu billig, obwohl sie Unterstützung gebraucht hätte.

Von dem Gift hatte ihr Körper Schaden bekommen und sie konnte ihr Leben nicht mehr so leben, wie sie es gewohnt war.

Dann bekam sie Post von Johannes, er wollte ihre Kontonummer, weil er eine Überweisung an sie plante. Sie schickte ihm ihre Nummer und stellte nach Tagen fest, dass eine hohe Geldsumme eingegangen war. Das konnte sie gut anlegen.

Trotzdem sann sie schon lange auf Rache an Johannes Teufels-Mutter. Die war hochgefährlich für andere Frauen in Johannes Leben. Sie musste zur Raison gebracht werden. Christa spürte eine Mordswut in ihrem Bauch.

Sie beschloss, noch einmal zum Hof zu fahren, und der Ego-Mutter zu zeigen, was sie ihr angetan hatte.

Mit dem Bus fuhr sie in das Dorf und ging langsam auf das Wauter'sche Anwesen zu. Sie klingelte, obwohl die Haustür offenstand. Keiner kam, um zu sehen, wer da war. Das war merkwürdig, sonst war die Tür immer fest verschlossen gewesen, wie Johannes ihr einmal erzählt hatte.

Resolut marschierte sie durch den Flur in die Küche. Hier war auch niemand. Sie ging ins Schlafzimmer. Wo war denn bloß die Teufels-Mutter?

Christa war ein wenig mulmig zumute. Aber mutig ging sie in die Waschküche – ach du lieber Gott! Mit einer Kopfwunde lag die Teufelin blutüberströmt vor dem Waschkessel und rührte sich nicht mehr, als Christa versuchte, sie anzusprechen. Sie sah genau hin, ohne etwas anzufassen. Das Blut war ganz frisch, war der Mörder etwa noch hier? Sie sah sich wild um und wünschte sich zehn Kilometer weit weg! Vorsichtig ging sie rückwärts hinaus. Dabei achtete sie genau darauf, dass sie bloß nicht in die Blutspritzer trat. Draußen drehte sie sich um und ging, so schnell es ihre Beine erlaubten, den Weg zurück ins Dorf, bloß weg hier!

Auf einmal raschelte es vor ihr auf ihrem Weg zur Bushaltestelle hinter den Büschen. Eine junge Frau sprang heraus und lief weg. Wer war sie, und warum hatte sie sich versteckt? Oder war sie vom Hof der Wauters querfeldein gelaufen? War sie etwa ... die Mörderin?

Christa machte sich so ihre Gedanken, bis der fast vollbesetzte Bus kam. Endlich weg von diesem Ort! Sie ließ sich in den Sitz fallen und sah sich um. Sie riss die Augen weit auf, als sie die junge Frau erblickte, die sich ihr gegenüber setzte. Die Frau sah sie genauso verschreckt an. Beide saßen still da und keine sagte ein Wort. Um den Hals trug die junge Frau eine Kette mit einem Anhänger. Darauf konnte Christa den eingravierten Namen KATRIN erkennen.

»Sie war es, und das ist gut so!« Sie wusste Bescheid. Bevor Christa ausstieg, nickte sie der jungen Frau lächelnd zu. Die nickte lächelnd zurück ...

Der Sittenstrolch

Exibitionisten sind meistens Männer, die sich in der Öffentlichkeit vor fremden Menschen entblößen. Am liebsten aber zeigen sie sich anstößig vor Frauen und Mädchen. Gerne reißen sie plötzlich, wenn weibliche Personen des Weges kommen, ihren Mantel auf, unter dem sie nackt sind. Andere lassen sogar ihre Hosen fallen, zeigen sich untenherum nackt der Öffentlichkeit. Das Ziel dieser Sittenstrolche ist es, Menschen zu erschrecken. Vermutlich holen sich diese durchgeknallten Typen durch die Ängste und Erschrecken ihrer Opfer sexuelle Befriedigung. Ein Sittenstrolch will meist durch seine fiesen Aktionen sein kaputtes Ego reparieren. Ein Mensch, der so etwas nötig hat, hat doch sicherlich eine sexuelle Präferenzstörung. Er fordert durch sein abartiges Tun Aufmerksamkeit, die ihm dabei sicher ist. Außerdem braucht er auch Anerkennung und Bewunderung, weil er hofft, diese auf solch einem Weg zu bekommen. Dabei gibt es für Exibitionisten gute psychiatrische Hilfe.

Ein Mann in mittleren Jahren stand in einer Fußgängerzone und beobachtete die Passanten. Gerade in dem Moment, als ein junges Mädchen an ihm vorbeigehen wollte, riss er seinen Mantel auf und präsentierte sich unten herum ohne alles. Das Mädchen guckte verdutzt, grinste und rief im Vorbeigehen: »Oh, Trench open? Neue Sportart?« Der Strolch klappte etwas beschämt seinen Mantel zu, begab sich auf einen Parkplatz und lauerte auf neue Opfer. Dort kam eine Frau mit vollen Einkaufstaschen bei ihrem Auto an und stellte die Sachen ab. In diesem Moment sprang der schweinische Strolch vor das Auto der Frau und entblößte sich. Die Frau zuckte kurz zusammen, warf dann einen kurzen Blick auf sein frei hängendes Teil, klatschte in die Hände und rief: »Och! Nun weiß ich direkt, dass ich die Shrimps vergessen habe!«

Es war ja ganz klar, dass den Strolch diese unerwartete Reaktion nicht befriedigte. Danach war sein bestes Stück nur noch ein kläglicher Anhang.

Er verlegte seinen Standort in die Nähe einer Schule. Aber auch dort verbuchte er keinen Erfolg, weil die Jugendlichen meistens in Gruppen nach Hause gingen. Die Mädchen kicherten nur über ihn, wenn er seinen Mantel aufschlug.

Eine kleine Blonde gefiel ihm besonders gut. Er bekam bald heraus, dass sie den langen Weg am Sportplatz entlang allein weiterging. Ungefähr zweimal in der Woche hatte er ihr Angst eingejagt, als er ihr aus dem Gebüsch entgegensprang, einmal sogar ohne Hose. Das Mädchen lief gleich schreiend weg, als sie ihn so sehen musste.

Inzwischen hatte das Mädchen seiner Mutter, einer Sportlehrerin, von dem halbnackten Kerl berichtet. Das Kind nahm von da an einen anderen Weg zur Schule.

Die Mutter joggte fast täglich vor- und nachmittags auf dem Weg zum Sportplatz. Sie bekam den Kerl nicht zu sehen. Aber sie gab die Suche nach ihm nicht auf. Jeden Abend lief sie zum Sportplatz und trainierte anschließend mit ihrer Jonglierkeule. Weil der Weg und der Platz einigermaßen frequentiert wurden, war sie nicht allein hier. Sie nahm an, dass der Unhold anderswo sein Unwesen trieb, schade. Sie hätte ihn gern getroffen!

Eines Morgens an ihrem freien Tag joggte sie, ihr Haar zum Pferdeschwanz gebunden, auf dem Weg zum Sportplatz los. Die Jonglierkeule hielt sie unter den Arm geklemmt, weil sie damit üben wollte. Was sie aber nicht wusste: Der Sittenstrolch hatte sie schon länger ins Visier genommen.

Ihm ging richtig einer ab, wenn er sie hinter den Büschen versteckt beim Training beobachtete.

Mann, das war ein Weib! Die oder keine! Sie sollte sein nächstes Opfer werden!

Erwartungsvoll bibbernd stand er mitten im Gebüsch, als sie ankam. Hechelnd sprang er ihr vor die Füße und riss seinen Mantel auf. Überrascht und keuchend bremste sie ihren Lauf und rutschte seitlich weg. Er wollte nach ihr greifen, aber sie sprang hoch, griff nach ihrer Keule, zog ihm damit einen heftigen Schlag auf den Arm und lief weg. Er jaulte laut auf und flitzte hinter ihr her. Er war außer Rand und Band, weil das so nicht enden sollte. Sie blieb stehen, drehte sich um, die Keule im Anschlag auf ihn gerichtet.

»Du Schlampe! Das sollst du büßen!«, schäumte er und griff sie an. Sie ließ gleich die Keule auf seine Schulter krachen, dass er aufheulte wie ein geschlagener Hund. In ihr kochte eine fürchterliche Wut, sie holte gleich zum nächsten Schlag aus, aber er duckte sich und rannte weg. Sie hechtete hinter ihm her mit Keule und Gefluche.

Zwei Spaziergänger sprangen zur Seite und blickten verwundert dem seltsamen Gespann nach, das in einem Affenzahn dahin raste.

Plötzlich fiel der Strolch lang hin. Sie kam keuchend an und besah sich das am Boden liegende Malheur. Vorsichtig stand er auf und sie bekam einen Lachanfall, bis ihr das Zwerchfell weh tat. Dieses hier war so grotesk, weil er über seine Hosenbeine gestolpert war, die durch den offenen Gürtel im Laufen nach unten gerutscht waren. Nun stand er unten total ohne vor ihr.

Er geriet in Wut, weil sie nicht aufhörte zu lachen und ihn als Exibitionisten der übelsten Sorte beschimpfte. Er wollte auf sie losgehen, aber sie ließ ihm ihre Keule zweimal heftig über das nackte Hinterteil klatschen. Das war das Ende des Sittenstrolchs, er ging in die Knie.

Inzwischen hatte ein anderer Jogger mit seinem Handy schon die Polizei verständigt, die nahm ihn gleich mit und transportierte ihn ins Gefängnis ab.

Später bei der Gerichtsverhandlung, als die blonde Sportlehrerin als Zeugin ausgesagt hatte, waren Handybilder von dem Exibitionisten aufgetaucht. Die Richterin konnte sich ein Grinsen nicht verkneifen und meinte beiläufig: »Das Verfahren sollte doch eigentlich wegen Geringfügigkeit eingestellt werden!«

Die Sportlehrerin bekam Schnappatmung, als sie den Satz der Richterin vernahm, obwohl sie den sarkastischen Hintergrund erkannt hatte. Ihre Empörung veranlasste sie, laut zu werden: »Euer Ehren, Frau Richterin, es ist doch völlig egal, ob nun der Penis dieses Kerls klein oder groß ist - so ein Erlebnis lässt Kinder in Angst und Bange leben. Es ist doch total beschissen, dass den Kindern solche blöden Erlebnisse das ganze Leben lang nachhängen und ihnen sogar die Lebensfreude vermiesen kann! Solche psychischen Leiden müsste man auf den Täter übertragen können. Die Täter gehören nicht freigesprochen! Sie gehören ins Gefängnis!«

Die gemeinen Schwestern

Mona und Lisa waren Zwillingsschwestern im Alter von 42 Jahren, aber ähnlich waren sie sich gar nicht. Mona, die temperamentvolle, unternehmungslustige, nannte eine lange schwarze Mähne ihr eigen, die sie gern offen und weit bis auf die Schultern wallen ließ. Lisa dagegen war zurückhaltend, schweigsam, traute sich selten etwas und trug ihr langes, blondes Haar immer als braven Zopf über den Rücken. Trotz dieser Verschiedenheit der Schwestern hatten sie aber guten Kontakt zueinander.

Es war wieder so weit, Mona saß pünktlich am wöchentlichen Stammtisch und wartete auf Lisa. Nervös blickte sie auf ihre goldene Armbanduhr, ein Geschenk von ihrem Ehemann Dieter. Seit 20 Jahren war Mona mit ihm verheiratet. Aber sie empfand ihre Ehe gar nicht glücklich, weil Dieter nun absolut nicht ihr Traummann war. Sie hatte ihn damals bloß geehelicht, weil er der Besitzer des exklusiven Traditions-Juweliergeschäftes in der Stadt war. Bloß durch diese Heirat war es ihr möglich, ganz ohne Arbeit durchs Leben zu kommen. Das erschien ihr wesentlich besser, als ihre Jugendliebe Robert zu heiraten, weil der ihr ein solches Leben nicht bieten konnte.

»Das Leben ist ja kein Wunschkonzert, aber manchmal spielt es mein Lieblingslied« war ihre Devise. Also hatte sie Robert damals den Laufpass gegeben, denn er war genauso wie sein Bankkonto: Er hatte nichts drauf! Natürlich war Robert böse und enttäuscht von Mona, weil er sie liebte, aber sie trennte sich kalt berechnend von ihm.

Ja, und dann hatte sie die Bescherung, weil sich Dieter mit seiner jungen Angestellten Jasmin vergnügte. Und nicht bloß mit der, nein, der Casanova war hinter vielen jungen Frauen her. Als Mona dahinterkam, bekam sie einen Tobsuchtsanfall. Dieter aber meinte lässig: »Weißte, liebe Mona, ich brauch ab und zu Frischfleisch. Du bist nun über Vierzig und nicht mehr knackig genug ... ein Kerl braucht immer mal was Frisches zwischendurch.«

Mona sog geschockt Luft ein und schnaubte zurück.

»Dieter, wenn Schönheitsschlaf bei dir wirken soll, musst du sicher dein ganzes Leben lang pennen! Aber du kannst ja hervorragend mit deinem Gesicht verhüten!«

Kinder hatte Mona nie gewollt, da hatte sie vorgesorgt. Sie wollte sich doch ihre Figur nicht ruinieren!

Sie sah wieder auf die Uhr, wo blieb denn Lisa bloß? Ungeduldig klopfte sie mit der beringten Hand auf die Tischplatte. Hatte sich Lisa etwa ihren wöchentlichen Ausgang von ihrem Göttergatten Willi verbieten lassen? Das könnte ihr ähnlich sehen! Damals, vor 22 Jahren, war Willi Lisas erste große Liebe gewesen, und die beiden hatten schnell geheiratet.

Willi betrieb ein großes Fuhrgeschäft, das er immer weiter ausbaute. Lisa arbeitete von zu Hause im Büro mit und nahm ihm viel Arbeit mit der Logistik ab. Lohn bekam sie dafür nicht. Sie hatte ihr Haushaltsgeld, mit dem sie wirklich knapp wirtschaften musste, weil Willi jeden Cent ins Geschäft steckte. Sie musste ihn sonst um jeden Cent bitten. Willi hielt Lisa kurz und er sah es nicht gern, wenn sie allein ausging.

Er war übermäßig eifersüchtig und betrachtete Lisa als sein Eigentum, kein anderer sollte sie ansehen. Sie sollte einfach nur seine schöne, blonde und gefügige Frau zu sein.

Endlich kam Lisa im Café an und ließ sich neben Mona in die Polster fallen. »Mensch Lisa, du siehst ja fix und fertig aus!«, stellte Mona fest. »Du, das musst du ändern! Das Leben besteht doch nicht nur aus Arbeit – sieh mich an, Lisa!« Mona lächelte der Schwester zu. Lisa nickte und sagte traurig: »Ja, du bist aus anderem Holz geschnitzt, Schwester! Du kannst dich durchsetzen, aber ich komme gegen Willi nicht an. Er will unbedingt ein Kind mit mir, aber das klappt einfach nicht!«

Mona sinnierte: »Wer weiß, wofür das gut ist! Lisa, wir beide sitzen in unseren Ehen fest wie im Gefängnis. Du bist unglücklich mit Willi und ich bin unzufrieden mit Dieter. Das müssen wir ändern. Denk' doch auch mal darüber nach, wie du Willi los werden könntest. Ich überlege schon lange über ein Ehe-Aus mit Dieter nach.«

Lisa guckte ängstlich: »Ehe-Aus? Wie soll das denn gehen? Danach sitzen wir beide doch arm wie die Kirchenmäuse auf der Straße!« Mona grinste hinterhältig: »Das Ehe-Aus soll bedeuten, dass es dann mit Willi aus ist, und auch mit Dieter, verstehste? Ein anständiger Mann stirbt mit 50, damit seine Witwe noch was vom Leben hat. Tut er das nicht von allein, muss eben nachgeholfen werden! Alte Kerle sind wie Autoreifen, entweder abgefahren oder profillos. Siehste Lisa, mein Dieter muss sich seine Fehler gar nicht merken, dafür hat er ja mich – und ich vergesse nie! Weißt du, was er an meinem 40. Geburtstag zu mir gesagt hat? – 'Gratuliere, nun bist du genau so alt, wie du schon lange ausgesehen hast!' – Er weiß aber nicht, dass Frauen nie wütend ins Bett gehen. Sie bleiben wach und planen ihre Rache. Lisa, und ich denke schon lange daran, mit dir was Ordentliches zu überlegen, wie wir unsere Kerle um die Ecke bringen!«

»Um Himmelswillen Mona! Wir sind doch keine Mörderinnen!« Lisa war entsetzt. Mona beschwichtigte gleich: »Wir beide sind ganz gewiss keine Mörderinnen! Wir lassen die Kerle sich selbst umbringen. Wenn das gelingt, stell dir mal vor, dann sind wir lustige Witwen, und die direkten Erbinnen unserer Verblichenen. Kluge Frauen stehen auf tote Männer mit Kohle. Wenn wir endlich frei sind, fängt das Leben doch erst an! Sag, was denkst du?«

Lisa guckte total ratlos und verstand gar nichts. »Was hast du vor, Mona?« Nun rückte das Mona-Lisa-Gespann dicht zusammen, beratschlagte, überlegte hin und her und trank dabei mehrere Cappuccini.

Lisa erzählte vom eifersüchtigen Willi, der ihr das letzte Mal, als sich die Schwestern trafen, verboten hatte, allein wegzugehen. Als sie sich dagegen auflehnte, hatte er sie an den Armen gepackt, sie geschüttelt und ihr einen Schlag ins Gesicht verpasst. Außerdem hatte er ihr Hausarrest angedroht, wenn sie nicht gehorchen wollte. Die blauen Flecken an Lisas Armen machten Mona sehr wütend.

Mutig machte Lisa Vorschläge, wie sie sich das dachte, den Willi loszuwerden, aber am Ende setzte sich Monas radikalerer Plan durch.

»Ach, wäre es schön, wenn man die Kerle einfach auf den Mond schießen könnte!«, stöhnte Lisa.

Mona lachte. »Ja ja, unsere Kerle auf dem Mond! Das wäre ein guter Anfang! Aber wir werden sie gleich in die andere Richtung schicken: nämlich in die Hölle!«

Zwei Wochen später wurde der mörderische Plan in Angriff genommen.

Mona wollte ihren Geburtstag in größerer Gesellschaft nachfeiern. Dazu hatte sie Geschäftspartner*innen von Dieter und Schwester Lisa mit Mann Willi eingeladen. Sie wusste ja, dass ihr Dieter nur für blonde Frauen schwärmte.

Lisa hatte sich, wie abgesprochen, ordentlich aufgebrezelt. Sie trug ihre gelockten goldblonden Haare offen, die ihr verführerisch um die zarten Schultern fielen. Ihr enges grünes Kleid betonte ihren schlanken Body mit den sanften Kurven sehr deutlich. Willi ließ sie nicht aus den Augen, seine Eifersucht brodelte, wenn sie nicht in seiner Nähe war.

»Mann, meine Lisa ist ja verdammt sexy!«, stellte er fest.

Genauso dachte auch Monas Mann Dieter, als er Lisa begrüßte: »Teufel auch, was hat sich die Lisa herausgemacht! Die macht mich direkt an! An die muss ich ran!«

Drei Stunden später nach reichlich Sekt- und Whisky-Genuss, derben Späßen und Gelächter saß Dieter an Lisas Seite, so dicht, dass sich ihre Hüften berührten. Plötzlich zog er sie an sich und schnupperte in ihr Dekolleté.

»Deern Lisa, du riechst so schön!« Das nahm Willi natürlich gleich wahr, sprang hoch und boxte seinem Schwager heftig gegen die Brust.

»Lass meine Frau in Ruhe, du Lustmolch!«, brüllte er, riss Lisa hoch und wollte auf der Stelle mit ihr nach Hause.

Die Gesellschaft war schockiert, dann aber amüsierte sie sich über die Geschehnisse. Lisa stolperte verstört in den Flur, Dieter folgte ihr auf dem Fuße, riss sie an sich, schob sie in das Gästezimmer und schlug die Tür hinter sich zu. Gerade als er zudringlich werden wollte, trat Willi von außen heftig gegen die Tür, dass die aufsprang. Er riss seine Frau von Dieter weg, brüllte laut und schubste Lisa unsanft in den Flur zurück.

Aber Dieter ließ nicht locker, er schlug dem Willi mit der Faust wuchtig auf den Rücken. Der ließ Lisa los, drehte sich um und hieb mächtig auf Dieter ein. Mona sprang vor und zog Lisa schnell aus der Gefahrenzone.

Der Boxkampf steigerte sich, keiner von den Gästen beendete die Prügelei. Im Gegenteil, sie feuerten die Kampfhähne mit Pfiffen und Klatschen heftig an.

Lisa zitterte am ganzen Körper: »Hoffentlich geht unser Plan auch auf! Die Gäste sind ja reinweg besoffen. Die führen sich auf wie in einer Arena!«, dachte sie angstvoll. Mona aber stand mit unbewegten Gesichtszügen ganz hinten im Flur und nickte ihr leicht zu.

Der große Spiegel fiel krachend und splitternd von der Wand, als Willi auf Dieter eindrosch, der genau davor stand. Keiner von beiden gab nach. Sie kamen zu Fall, prügelten sich im Liegen weiter, bis Willi mit blutender Nase aufsprang, nach Luft rang und bloß noch Rot sah. Als auch Dieter wieder auf die Beine kam, schlug Willi so hart auf ihn ein, dass Dieter wie ein nasser Sack umkippte und liegenblieb. Willi griff nach einer halbleeren Whiskey-Flasche und trank die auf Ex aus! Er wischte sich über sein Gesicht und rief wütend nach Lisa.

In diesem Moment sprang Dieter hinter ihm auf, wankte auf ihn zu und verpasste dem Willi einen Mordsschlag, dass sich der wie ein Brummkreisel mehrfach um sich selbst drehte, schwankte, zu Boden ging und dabei mit dem Kopf auf die große, schwere Bodenvase knallte.

Über Dieters Gesicht tropfte Blut aus einer Augenbraue. Dadurch sah er fast nichts mehr. Er blickte wild um sich, stolperte über die Vasenscherben, suchte Halt an der antiken Stehlampe, die dabei kippte und umfiel. Dieter kam total aus dem Gleichgewicht, stolperte und knallte mit seinem Kopf dumpf auf die grüne, italienische Marmor-Fensterbank, stöhnte laut, und rutscht langsam lang hin auf den glänzenden Parkettboden.

Mit einem Mal herrschte gespenstische Stille, alle Gäste standen wie die Salzsäulen herum. Aber dann kam Bewegung in die Herrschaften! Sie bemühten sich um die zwei jämmerlichen Figuren, die leblos auf dem verwüsteten Flur lagen. Die ersten Gäste machten sich heimlich davon, weil ihnen dieses Drama zu gefährlich erschien.

Mona hatte schon die 112 angerufen. Sie war davon überzeugt, dass zwei Leichen im Flur lagen. Sie rieb sich die Hände und nahm Lisa in den Arm.

Der Notarzt und die Polizei kümmerten sich um die am Boden liegenden, doch bei beiden wurde bald der Tod festgestellt. Bei Dieter stellte man einen Schädelbasisbruch fest und Willi hatte sich durch den Sturz das Genick gebrochen.

Die Polizeibeamten befragten die verbliebenen Gäste nach den Geschehnissen, notierten sich alle Namen, auch die von den Gästen, die das Weggehen vorgezogen hatten. Die Beamten schüttelten verständnislos ihre Köpfe, als sie das Ausmaß des Alkoholkonsums und der

Eifersuchts-Prügeleien erfuhren. »Ja, die Weiber und der Suff, die reiben manche Kerle uff!«, murmelte ein Beamter betroffen.

Um die ununterbrochen schluchzenden Witwen musste sich noch der dazu gerufene Hausarzt kümmern.

Nach zwei Wochen waren dann endlich sämtliche Ermittlungen seitens der Polizei abgeschlossen. Nach sechs Wochen wurden zwei überglückliche Witwen Universal-Erbinnen von beträchtlichen Vermögen ihrer verblichenen Ehemänner.

Nach einem Jahr eingehaltener Trauerzeit saßen eine Mona und eine Lisa an einem Pool auf einer herrlichen Karibik-Insel und stießen an mit kaltem Sekt. Sie machten ausgedehnten Urlaub in Sonne und Freiheit, weil sie ja keine Geldsorgen hatten. Mona nahm Lisa in die Arme und lachte. »Schwesterlein, wir haben schlimme Dinge veranlasst, aber die haben sich doch wohl gelohnt!

»Oh ja! Als zwei tapfere Witwen haben wir uns das wirklich verdient!«

Die Horror-Mami

Vor zwei Jahren hatte ich es endlich geschafft, mit meinen zwanzig Jahren von zu Hause auszuziehen. Mein Zuhause war nur Mami, so musste ich meine Mutter nennen, weil sie das so forderte. Meinen Vater kannte ich nicht. Wenn ich Mami nach ihm fragte, reagierte sie immer böse. Eine Antwort bekam ich nie.

Mami war schon immer ein künstlich überspannter Mensch, manchmal wurde sie richtig hysterisch. Meistens benahm sie sich förmlich, das sollte wohl vornehm wirken. Auf mich, ihre Tochter, wirkte sie unterkühlt und völlig lieblos. Ich kann mich nicht erinnern, dass sie mich einmal in ihre Arme genommen hat. Ich durfte auch nie ein Haustier haben, weil das Dreck machte. Auch durften meine Spielfreunde nie zu uns ins Haus kommen, obwohl wir genug Platz gehabt hätten.

Am meisten aber ärgerte es mich, dass sie mir den irisch-englischen Namen Morgane verpasst hatte.

Oft genug wurde ich deswegen in der Schulzeit gehänselt. »Morgane Geistler«, das hörte sich für mich immer schrecklich an! Was hatte sich Mami nur dabei gedacht, mich so zu nennen? Auch das hat sie mir nie verraten.

In meiner kleinen Wohnung lebte ich nun frei und ungezwungen, fühlte mich von Mami regelrecht befreit! Ganz selten rief sie an und wenn einmal, dann wollte sie wissen, ob ich auch immer ordentlich aufräumte. Nach meinem Befinden und meiner Arbeit fragte sie nie.

Oftmals musste ich denken, dass sie mich wohl adoptiert hatte. Leider wusste ich immer noch nicht, wer genau ich eigentlich war. Ob ich das wohl jemals von ihr zu wissen kriegte? Darauf konnte ich nicht hoffen. Ob ich die Mami gern hatte? Das konnte ich mir selbst nicht mal beantworten, weil ich nie eine liebevolle Mutter-Kind-Beziehung gefühlt hatte. Eigentlich wohnte ich nur bei ihr, natürlich habe ich alles bekommen, was ein Kind so brauchte, aber das Wichtigste, die Mutterliebe, die fehlte mir sehr!

Als ich noch bei ihr wohnte und sie einmal fragte, warum sie mir etwas befahl, rief sie nur: »Weil ich es dir sage! Es gibt nichts zu diskutieren!« Und dann kam immer dieser Satz hinterher: »Fräulein, als ich so alt war wie du, da gab es ganz andere Dinge zu tun!« oder dieser Satz: »So dankst du mir also!« Damals glaubte ich, dass meine unbekannte Oma wohl eine Hexe gewesen sein musste, weil sie ihre Tochter, also Mami, so furchtbar streng erzogen hatte.

Mit 16 durfte ich abends noch nicht weggehen. Als ich 17 war, ließ sie mich einmal zum Geburtstag meiner Freundin gehen. Als ich kurz nach 22 Uhr zu Hause ankam, saß sie im Flur und rief mir zu: »Wo kommst du denn nun erst her? Du hast die vereinbarte Zeit, 22 Uhr, nicht eingehalten. Fräulein, das war dein letzter Ausgang!«

Von da an hatte ich das verdammte Gefühl, dass ich ihr Eigentum war. Ich sollte nicht selbstständig werden, durfte nicht ausgehen. Ja, es gibt Menschen, die sind furchtbar einfach. Dann gab es welche wie Mami, die war einfach furchtbar!

Damals fing ich an, Mami regelrecht zu hassen. Ohne ihr Wissen verließ ich ein paar Mal das Haus, weil ich meine Freundin besuchen wollte. Aber auch das konnte ich bald nicht mehr. Als sie dahinterkam, schloss sie mich in meinem Zimmer ein. Ich lebte bei ihr wie im Gefängnis. Nur zur Schule durfte ich gehen und später zu meiner Lehrstelle.

An meinem Geburtstag kündigte sich überraschend telefonisch die Mami an, dass sie mich nachmittags besuchen wollte. Aber ich wusste, dass sie nicht mich, sondern meine Wohnung meinte. Ich verdrehte verzweifelt meine Augen, aber ich ahnte, dass Mami das sogar durchs Telefon hörte.

Heiß überkam mich wieder die Erinnerung an ihre übertriebene Ordnungsliebe. Ihre scharfe Stimme schlich sich durch meine Gehirnwindungen und predigte über Haushaltspflichten, glorreichen Putz- und Scheuer-Orgien, von strahlender Sauberkeit. Äußerst penible und korrekte Pflichterfüllung im Hause waren Mamis oberstes Gebot und einziger Lebensinhalt. Aber bei mir war Mamis Saat nicht aufgegangen.

In meinem Flur lagen Zeitungen herum und Bücher stapelten sich auf der Ablage, die Schuhe standen ungeputzt durcheinander unter der Garderobe, auf der Waschmaschine im Bad fleezte sich ungebügelte Wäsche, meine Schubladen hatte ich noch nie ausgewischt und die Fenster wollte ich schon lange mal putzen.

Und nun wollte Mami kommen, ach du lieber Gott!

Und dann kam sie, gewandet in ein Kostüm in klassisch dunkelblau, mit zwei Blumentöpfen Fleißige Lieschen, die sie mir gleich in die Hände drückte. Wie passend für mich, diese Blumen!

Bevor sie mir kühl gratulierte, guckte sie sich erst mal mit Lupenblicken um. Sie schüttelte den frisch frisierten Kopf und zischte: »Das sieht hier ja aus wie im Schweinestall!«

Mir blieb förmlich die Spucke weg über diesen Empfang! Dabei hatte ich doch so gut es in der kurzen Zeit noch ging, schnell aufgeräumt, den Tisch schön mit meinen bunten Tassen und Tellern eingedeckt, hatte Sonnenblumen in die Vase gestellt, Kuchen geholt und Kaffee gemacht.

Mami warf einen abschätzenden Blick in meine Stube, marschierte auf meinen Laptop zu, strich mit der Hand über den Bildschirm. Den klappte ich schnell zu, weil ich bange war, dass Mami ihn vielleicht mit Ata misshandeln würde, damit er wirklich gegen Viren geschützt war. Sie war der leibhaftige Putzteufel! Sie stampfte durch meine Wohnung, nahm alles in Augenschein und schüttelte dann missbilligend ihre Locken.

Mami war gnadenlos, sie richtete nicht erst ihre Krone, sie zückte gleich das Schwert.

»Du, Morgane, du bist nicht mehr meine Tochter! Du bist eine Sau! Alles, was ich dir beigebracht habe, trittst du mit den Füßen! Wie sieht es hier bloß aus! Hier bleibe ich nicht, du kommst ja im Dreck um! Ich gehe!«

Ich war entsetzt und rief ihr nach: »Vorsicht! Ich bin nicht wie du, und das ist verdammt gut für mich! Und ich will dich nie mehr sehen. Von Anfang an hast du versucht, mir mein Leben kaputt zu machen!«

Mami war weg, ich ließ mich auf den Stuhl fallen und wollte losheulen, aber ich konnte nicht. Warum nicht? Ja, mir wurde nun klar, dass mir Mami gleichgültig war, ich empfand gar nichts mehr für sie.

Ich sagte mir: »Sei eine Möwe, scheiß einfach drauf!«

Lange Zeit hörte ich gar nichts mehr von Mami, bis eines Sonntags ihr Anruf kam: »Morgane, mir geht es ganz schlecht. Komm sofort her und hilf mir!« Das war ein Befehl! Dass sie sich das noch traute, das wunderte und ärgerte mich maßlos.

Aber was sollte ich nun machen? Hinfahren oder hierbleiben? Ich kämpfte mit mir und meinem Stolz, und dann fuhr ich doch hin. Den Schlüssel hatte ich noch. Mami lag im Bett, war stark gealtert und hatte Fieber. Ich wollte den Krankenwagen rufen, aber das verbot sie mir. Sie wollte, dass ich bei ihr blieb, am besten wieder einziehen sollte.

Sie wollte! Immer nur wollte sie! Mir kam die Galle hoch! Aber ich wollte nicht mehr, verdammt noch mal! Und schon gar nicht bei ihr wohnen!

Aber ich blieb die Nacht über dann doch bei ihr, das sagte mir mein Pflichtgefühl. Am nächsten Tag nahm ich mir bei der Arbeit frei, weil es ihr wirklich schlecht ging.

Warum starb sie nicht einfach? Konnte sie nicht loslassen? Mit trüben Augen und rasselndem Atem sah sie mich an.

»Tu was!«, röchelte sie. Stocksteif stand ich an ihrem Bett, aber auf einmal überkam mich etwas Merkwürdiges, weil ich nun wusste, was sie wollte. Ich griff nach ihrem weichen Sofakissen und drückte es ihr minutenlang ganz fest auf das Gesicht. Sie sollte endlich sterben! Dann hatten wir beide endlich Ruhe.

Sie rührte sich nicht mehr, als ich das Kissen wegzog. Sie sah sogar ganz friedlich aus. Sie hatte gewollt, dass ich kam! Sie hatte gewollt, dass ich sie erlöste! Sie wollte ja immer nur! Sie hatte endlich ausgewollt!

Ich fühlte mich erleichtert, war hundemüde. Deshalb fuhr ich nach Hause und schlief erst mal richtig aus. Ich fühlte mich nicht schuldig. Ich war keine Mörderin. Ja, ich hatte auf ausdrücklichen Befehl Sterbehilfe geleistet. Nicht mehr!

Ich war glücklich, dass es mit Mami aus war. Große Ruhe überkam mich, als ich am nächsten Tag Doktor und Bestatter von ihrer Wohnung aus anrief.

Ohne weiteres stellte der Doktor den Totenschein aus und der Bestatter holte die Mami ab. Die wenigen Menschen, die an Mamis Grab standen, waren eine Nachbarin, der Pastor, der Bestatter und ich. Ich dachte noch einmal an die ungeliebte Mami zurück.

»Hoffentlich findest du nun endlich deinen Frieden. Zeit hast du ja genug!« Mir fiel förmlich eine Last von den Schultern. Die Nachbarin sagte teilnahmsvoll zu mir: »Ach ja, wenn der Tod kommt, ist Sense!«

Auf Mamis Grabstein hätte ich am liebsten meißeln lassen: »Hier ruht Nora Geistler. Sie kehrt nie wieder!«

Die verschwiegene Giftmörderin

»Verdammt noch mal! Mit diesem verflixten Fall kommen wir einfach nicht weiter!«, regte sich Kommissar Hans Schubert mächtig auf und donnerte dee Faust auf den Schreibtisch. Sein junger Kollege zuckte mutlos mit den Schultern. Auch ihm hing diese verteufelte Geschichte schon lange aus dem Halse.

Hans Schubert warf die Mordakte mit der Aufschrift »Giftmörderin« von sich und lehnte sich zurück. Er dachte nach. Die Frau hatte ihren Mann mit einem Giftcocktail umgebracht. Mehr wusste man nicht, weil die angebliche Mörderin eisern schwieg. In Zeitungsberichten wurde sie als »Schweigende Gift-Mörderin« beschrieben.

»Feierabend!«, rief Schubert, zog seine Jacke an und ging nach Hause. Er hatte es nicht weit, vom Präsidium bis zu seiner Wohnung waren es etwa anderthalb Kilometer, die er immer zu Fuß zurücklegte. An diesem Abend wollte er mal abschalten, an keinen Fall mehr denken. Er wollte ein Glas Wein trinken, fernsehen und entspannen. Sein Kopf schmerzte ohnehin vom vielen Grübeln, Nachdenken, Umdenken und sich Reindenken in die Machenschaften der Mörderin.

Es war schon ein Scheißjob, den er hatte!

War ein Mord endlich aufgeklärt und der Mörder hinter Gittern, passierte wieder etwas und die ganze Sau-Arbeit ging von vorne los!

Als Kommissar Schubert später im Bett lag, kreisten seine Gedanken wieder um die Giftmörderin.

»Was bringt einen Menschen bloß dazu, jemanden, den man einmal geliebt hat, so sehr zu hassen, dass man ihm nicht nur den Tod an den Hals wünscht, sondern den Tod gar selbst an diesem Menschen herbeiführt?«

Das Mordmotiv und somit auch die Beweisführung war bei diesem Giftmord immer noch nicht klar. Befragungen hatten nichts ergeben.

Die Nachbarn hatten bestätigt, dass das Ehepaar völlig unauffällig war. Nie waren Streitereien zu hören gewesen, bei denen schien alles in Ordnung zu sein.

Aber als die Ermittlungen losgingen, fand Schubert es besonders auffällig, dass das Ehepaar Hella und Max Schlohmeyer keine Bekannten, keine Freunde und gar keine Verwandten aufzuweisen hatte. Es gab niemanden, der mit dem Paar im engeren Kontakt stand. Von den Nachbarn mal abgesehen, aber die wussten ja auch nichts. Das fand Schubert merkwürdig.

Er fand heraus, dass Hella als Schwestern-Helferin gearbeitet hatte und Max auf dem Städtischen Bauhof beschäftigt gewesen war. Aber auch dort bestanden keinerlei persönliche Kontakte. Damals dachte sich Schubert: »Das kann nur möglich sein, weil die beiden erst vor einem Vierteljahr hergezogen sind.« Er dann fand heraus, dass die beiden erst kurz vorher geheiratet hatten.

Der Umzugsgrund interessierte ihn mächtig, was sollte dieser Umzug, hatte der vielleicht eine Bewandtnis mit Hellas späteren Giftmord an ihrem Gatten?

Schubert kam nicht zur Ruhe, Fragen über Fragen jagten durch seine Gehirnwindungen. Er stand wieder auf und überlegte, ob ihm so ein ähnlicher Mordfall während seiner Dienstjahre untergekommen war. Er beschloss, sich am nächsten Morgen eingehend um das Motiv für den Wegzug des Paares Schlohmeyer aus dem Oldenburgischen und die Umsiedlung nach Köln zu kümmern. Da musste doch was dahinterstecken! Wenn nicht dort, ja, wo denn dann bloß? Es war reinweg zum Verzweifeln mit der Giftmörderin!

»Tscha, bei mir läufts, zwar rückwärts, aber es läuft!«, dachte Hans Schubert sarkastisch. Manchmal fühlte er sein Leben wie eine Prüfung, für die er nicht gelernt hatte. Ein Spaßvogel hatte ihm einmal gesagt:

»Die Polizei ist wie ein Kondom, mit ist sicher, aber ohne ist besser!« Und wie recht der hatte!

Hans lachte laut: »Der Teufel glaubt, dass er die Menschen noch schlechter machen kann, aber da irrt er sich! Hier kann er noch was lernen!«

Auf dem Weg nach Oldenburg sinnierte Hans, wo er seine Suche anfangen musste, und wen er fragen sollte. Er mietete sich in einem Hotel ein und ging gleich zum Rathaus, um Auskünfte über das Ehepaar Schlohmeyer zu bekommen. Mit dem Namen Schlohmeyer konnte ein Angestellter etwas anfangen, nachdem er sich ordentlich am Kopf gekratzt hatte.

»Ja, doch, da war mal was ... ein Schlohmeyer hat bei einem Einbruch zwei Menschen umgebracht! Aber gehen Sie man ins Polizeipräsidium, die wissen sicher mehr darüber.«

Hans Schubert bekam allmählich gute Laune, weil er glaubte, endlich auf der richtigen Spur zu sein.

Aber zuerst besuchte er das Standesamt, wo die Heirat der beiden sicher beurkundet war. Er hielt dem Standesbeamten, der angab, keine Zeit zu haben, seinen Ausweis unter die Nase. Unwirsch knurrend machte der sich an die Arbeit, einige Akten zu durchsuchen. Das dauerte und dauerte! Hans geriet langsam in Rage, weil dieser Mensch sich bei jeder Seite so lange aufhielt, als wollte er sie auswendig lernen. Endlich hatte er etwas Passendes unter den Buchstaben »Sch« gefunden, nämlich den Namen Schlohmeyer.

Hans sprang auf und beugte sich von hinten über den Standesbeamten, weil er mitlesen wollte. »Max Schlohmeyer und Hella Matthei, geborene Münz.«

Hans Schubert wusste genug, verabschiedete sich und eilte zielstrebig zum Polizeipräsidium. Dort erfuhr er alles über den Einbruch vor zehn

Jahren. Max Schlohmeyer war nie astrein gewesen, hatte immer wieder krumme Dinger gedreht, aber bei einem Einbruch war er zum Doppelmörder geworden. Er hatte zwei betagte Menschen gefesselt, nämlich die Inhaber des Juweliergeschäftes Münz. Er hatte sie geprügelt, bis sie ihm sagten, wo der Tresorschlüssel war, und wie die Zahlenkombination lautete.

Nachdem er Geld und Schmuck in seinem Rucksack verstaut hatte, wollte er abhauen. Das Ehepaar bat um Losbinden, aber daran dachte er gar nicht, er zog seine Pfefferspraydose heraus und sprühte ihnen volle Ladungen in die Gesichter. Danach röchelten die alten Menschen furchtbar. Das musste er noch gehört haben, als er aus dem Kellerfenster stieg, sich die Strumpfmaske herunterriss und weglief.

Als dann am anderen Morgen die Tochter Hella des Ehepaares Münz kam, um wie jeden Tag im Geschäft zu helfen, fand sie ihre Eltern nicht. Sie rief nach ihnen, bekam keine Antwort. Sie lief nach unten und fand die Eltern festgebunden auf Stühlen.

Beide waren tot, waren ganz klar am Pfefferspray erstickt, das hatte der Gerichtsmediziner später festgestellt. Weil die Eltern an Asthma litten, hatte das Spray das Atmen unmöglich gemacht.

Hans Schubert las sich in die alten Akten ein. Max Schlohmeyer wurde bald nach dem Einbruch verhaftet, weil er in Hamburg den Schmuck verhökern wollte. Er wurde wegen zweifachen Mordes und Einbruchdiebstahls zu lebenslänglich verurteilt, aber nach zehn Jahren wegen guter Führung entlassen. Danach ließ er sich wohl nichts wieder zu Schulden kommen.

Hella Münz hatte inzwischen geheiratet, einen betagten Witwer mit Namen Herbert Matthei, der aber schon nach drei Ehejahren verstarb.

Diese Hella Matthei, geborene Münz, zeigte großes Interesse an dem Ex-Häftling Max Schlohmeyer. Bald nach seiner Entlassung aus der JVA hatte sie sich mit ihm angefreundet und nach erstaunlich kurzer Zeit waren die beiden verheiratet.

Nach zwei Tagen hatte Hans Schubert Gewissheit über diesen Fall, der war schon so gut wie gelöst. Er machte sich wieder auf den Weg nach Köln, um der Giftmörderin, die immer noch schwieg, den Mord an Max Schlohmeyer zu beweisen, und endlich diesen Fall abzuschließen.

Hans Schubert wusste Bescheid. Wenn Liebe zu Hass wird, wie das oft so ist - aber in diesem Fall war der Hass von Anfang an schon dagewesen!

Der unheimliche See-Mörder

Sie kam aus dem See, reckte ihren schlanken Körper wie eine geschmeidige Schlange und schüttelte die Wassertropfen ab. Ihre langen blonden Haare hingen klatschnass über ihre Schultern. Der Strand des Badesees war leer, die Abendsonne ließ den Himmel in rötlichen Farben schimmern.

Die junge Frau nahm ihre Tasche hoch, zog ein Badetuch heraus und ging zur Stranddusche. Dort zog sie ungeniert den nassen Bikini aus und ließ bibbernd das eiskalte Wasser über ihren Körper rieseln.

Aber sie war nicht allein am See. Hinter einer Buschgruppe stand ein Mann mittleren Alters, der blickte fasziniert zu der jungen Frau unter der Dusche. Das war ein Superweib! Begehrlichkeit machte sich in ihm breit und gleichzeitig stieg darüber auch Ärger in ihm auf:

»Warum duscht die Frau einfach so nackt ... und überhaupt, diese knappen Bikinis – also, die sind höchst unmoralisch! Die müssten verboten werden! Das hier ist doch kein FKK-Strand!«

Aber die nackte Schönheit erregte immer mehr Begehrlichkeiten, die er schon lange nicht mehr so gespürt hatte. Er bekam regelrecht Stielaugen, um bloß nichts zu verpassen, weil sie sich beim Abtrocknen auch noch bückte.

»Oh Mann!«, schoss es ihm durch den Kopf. »Bloß weg hier, das hält man ja nicht aus!« Er ging einen Schritt zurück und »Knack« machte es. Er war auf einen trockenen Zweig getreten.

Ruckartig blickte die Frau in seine Richtung und er trat hinter den Büschen hervor, hielt dabei beide Hände vor seine ausgewölbte Badehose. Er ging auf sie zu. Sie starrte ihm entgegen: »Was soll das denn? Warum stören Sie mich?«

Er grinste sie an: »Mädchen, weil du mich mächtig reizt mit deinem schönen Körper, und so, wie du dich hier benimmst, so nackig herumzuspazieren!«, rief er frech. Sie gewahrte seine Lüsternheit und zog das Badetuch fest um sich. Plötzlich griff er ihren Arm. »Du hast selbst schuld. Du hast mich sehr gereizt, du musst mich nun ranlassen ... sonst ...«

»Was sonst!«, schrie sie ihn an, rammte ihm ihr Knie so heftig in den Unterleib, dass er stöhnend zu Boden ging. Sie griff sich ihre Tasche und lief weg.

Einige Abende später stand er wieder hinter den Büschen am See und beobachtete die wenigen Badenden. Der Sonnenuntergang kündigte sich an, und die Menschen verließen den Strand. Er hatte einfach kein Glück mehr! Er kam oft hierher, um blonde Frauen zu beobachten. Die Blonde, die ihn in den Bauch getreten hatte, die hatte eine blinde Wut in ihm angefeuert. Irgendwie musste er sich abreagieren, aber er hatte sie hier nicht wieder gesehen. Sie hatte ihn gedemütigt, seine Männlichkeit verletzt, und das quälte ihn.

Zwei Wochen später konnte er sein Glück kaum fassen, als ein blondes junges Mädchen abends mit dem Fahrrad an den See kam. Sofort versteckte er sich hinter den Büschen. Der Strand war menschenleer. Sie zog ihre Sachen aus bis auf einen roten Bikini, ging auf den See zu und ließ das Wasser um ihre Füße spielen.

Plötzlich stand er hinter ihr und griff gierig nach ihrer Taille. Sie zuckte zusammen, fing an zu schreien. Er wollte sie beruhigen, wollte doch bloß ein bisschen Liebe mit ihr machen. Sie schlug wild um sich, kratzte ihm durch das Gesicht. Er hielt ihr den Mund zu, sie biss ihm in die Hand. Er jaulte auf, ließ sie kurz los, bekam sie aber wieder zu fassen. Sie wehrte sich mächtig, trat ihm in den Unterleib.

Nun aber kochte blinde Wut in ihm hoch, er war nicht mehr Herr seiner Sinne. Ihn überkamen Rachegelüste, weil sie eine von vielen Frauen war, die ihn abwehrte. Er schlug ihr ins Gesicht, sie fiel hin. Er riss sie wieder hoch, sie spuckte ihm ins Gesicht. Das war zu viel: Seine

Hände legten sich um ihren Hals und drückten zu, mit eisernem Griff. Sie röchelte, trat um sich, bekam keine Luft mehr und sackte zusammen. Er ließ sie an sich herunterrutschen und sah ungläubig auf sie herunter. War sie etwa tot?

Wasser umspülte ihren Körper, er bückte sich zu ihr, fasste an ihren Hals, fühlte keinen Puls. Leer im Kopf stand er im Wasser, fühlte nichts. Er sah sich um, er war ganz allein hier.

Auf ein Mal überkam ihn ein Triumphgefühl, er hatte die Frau geschafft! Ganz anders, als er sich das gedacht hatte, aber warum hatte sie sich auch so angestellt? Er fühlte sich ungewohnt befriedigt.

Nun musste die Frau weg, aber wohin? Ganz einfach, er schob sie weit in den See hinaus, bis er keinen Grund mehr unter den Füßen spürte. Dann machte er, dass er schleunigst wegkam.

Einige Tage später stand in der Zeitung: »Junge Frau beim Baden im See ertrunken? Die Leiche weist Würgespuren am Hals auf. Mordkommission hat sich eingeschaltet.«

Im nächsten Sommer stand er abends wieder hinter den Büschen am See und fieberte nach blonden Frauen. Lange sah er keine hier, aber er gab nicht auf. Er hatte Geduld, bis ihm der Zufall, gerade als er gehen wollte, eine Frau an den See führte.

Die Sonne senkte sich allmählich. Er beobachtete die Frau mit den kurzen blonden Haaren und bebte vor Erwartung, weil endlich seine Erlösung kam. Die Frau hatte sich bis auf Höschen und BH ausgezogen und ging ins Wasser. Er riss sich seine Sachen bis auf die Unterwäsche herunter, ließ die Kleidungsstücke am Ufer liegen und folgte ihr. Er war so gierig, dass er sie gleich von hinten angriff und seine Hände um ihren Hals klammerte. Fest drückte er ihr die Kehle zu. Er ließ ihr keine Chance. Sie konnte nicht mehr schreien, sich nicht wehren, weil er sie gleich erstickte. Sie zuckte wild, röchelte und sackte zusammen. Er ließ sie sachte ins Wasser rutschen, schob sie dann weit in den See hinein, bis er keinen Grund mehr unter den Füßen spürte. Es kribbelte angenehm in seinem Inneren, er blickte noch einmal auf ihren toten Körper und verspürte wieder eine unheimliche Erleichterung. Genau wie im letzten Sommer, als er die erste blonde Frau abgemurkst hatte. Ja, das war das Gefühl, das er brauchte. Das Gefühl, das ihm blonde Frauen verschafften!

Wieder stand in der Zeitung: »Wieder eine junge Frau tot im See gefunden, Würgemale am Hals. Alles noch rätselhaft. Mordkommission sucht fieberhaft nach dem Mörder.«

Die Mordkommission suchte lange nach dem See-Mörder, aber er blieb verschwunden.

Auch im folgenden Sommer wurde wieder eine tote blonde Frau im See gefunden. Rätselhaft, wer machte bloß so etwas Schreckliches? Die Kripo vermutete, dass man es hier mit einem Psychopathen zu tun hatte. Im Sommer wurde der See überwacht von Zivilpolizisten zum Schutz der Badefreudigen. In dieser Saison gab es keine tote blonde Frau im See.

Aber im nächsten Frühjahr, als eigentlich noch keine Badesaison war, saß eine junge blonde Frau am Seeufer. Sie kam jeden Tag, setzte sich ans Ufer. Ihre langen blonden Haare glänzten wie Gold im Sonnenlicht. Bis abends hielt sie hier aus, las oder wanderte am Strand umher. Sie hatte sich ein Badetuch umgewickelt. Sie sah sich immer wieder um, als wartete sie auf etwas oder jemanden.

Eine Woche später stand in der Zeitung: »Wieder rätselhafter Mord am beliebten Badesee. Dieses Mal wurde ein Mann mittleren Alters gefunden. Er weist Würgemale am Hals auf, die von einem dünnen Metallband stammen könnten. Die Mordkommission ermittelt!«

Disco-Besuch mit Folgen

Mühsam hob Loni den Kopf und ließ ihn gleich wieder fallen, weil sich alles drehte: »Wo bin ich hier denn bloß?«, fragte sie sich. Im Mund schmeckte es bitter, sie fühlte sich elend. Über sich gewahrte sie grüne, dichte Zweige und Helligkeit. Sie drehte den Kopf zur Seite und stellte durch den Grauschleier vor ihren Augen fest, dass sie in unter einem Gebüsch lag. Beim Versuch aufzustehen, musste sie sich heftig übergeben, und dann wurde es wieder Nacht um sie.

»Hallo, hallo! Junge Frau, hören Sie mich?«, rief eine Stimme. Jemand rüttelte sie sanft an den Schultern. Loni riss verschreckt die Augen auf, warum war das so hell um sie herum? Und so heiß?

Sie konnte jetzt klar sehen, der Grauschleier war weg. In ihrem Kopf hämmerte es mächtig und stach. Ein älteres Paar beugte sich über sie. Loni vernahm besorgte Worte und wollte aufstehen. Helfende Hände griffen nach ihr und zogen sie vorsichtig hoch. Drehschwindel ließ Moni heftig schwanken, aber sie wurde fürsorglich gestützt. Sie guckte an sich herunter. Oh wie schrecklich! Ihre Bluse war zerrissen und hing ihr fast bis über die Taille. Ihre schwarze Lackhose hing ihr buchstäblich in Fetzen unter den Kniekehlen und ihre Schuhe waren weg.

»Was ist denn bloß mit dir passiert, Mädchen?«, wollte die Frau mitleidig wissen und zog ein paar Blätter aus Monis wirren langen Haaren. Der Mann legte seinen hellen Sommermantel um Monis Schultern, dass sie wenigstens einigermaßen bekleidet war.

Mit einem Schlag kehrte ihre Erinnerung zurück. Das Paar wies auf eine Bank und sie setzten sich.

Loni berichtete zitternd: »Ich war gestern mit meiner Freundin in der Disco. Es war brechend voll. Wir hatten keinen Platz und standen länger an der Theke herum, aber ohne etwas zu trinken. Dann wurden wir nach etwa einer halben Stunde von zwei jungen Männern zum Tanzen aufgefordert. Das machte Spaß. Wir haben uns beim Tanzen richtig ausgetobt, bis uns Männer an die Theke schoben und uns Drinks spendierten.«

»Weißt du noch, was das für Drinks waren?«, fragte die Frau. Loni zuckte mit den Schultern. »Weiß ich nicht, aber da war sicher Fruchtsaft mit Alkohol drin! Ich habe das Glas halb ausgetrunken, weil ich durstig war. Gleich danach war mir schwindelig und elend. Genauso, als ob ich einen fürchterlichen Rausch hätte. Durch dicken Nebel hindurch bekam ich noch mit, dass mich zwei Kerle nach draußen zogen. Ich war völlig willenlos, einfach schlimm! Was danach mit mir passiert ist, weiß ich nicht.«

Loni schluchzte laut. »Und wo meine Freundin ist, weiß ich auch nicht!« Bedeutungsvoll sah sich das Paar an, die Frau bestimmte: »So Mädchen, wir rufen nun die Polizei an und danach deine Eltern. Man hat dir sicher K.-o.-Tropfen in deinen Drink getan, dich wohl vergewaltigt und hier unter den Büschen abgelegt. Diese böse Sache muss schnell aufgeklärt werden!«

Nachdem eine Polizistin Lonis Aussage im Präsidium aufgenommen hatte, kam sie ins Krankenhaus, wo sie medizinisch versorgt wurde. Was Loni nicht wusste, als ihr eine Ärztin erklärte: »Diese K.-o.-Mittel sind die Disco-Drogen schlechthin. Man nennt sie auch Knockout-Tropfen. Die wirken narkotisierend, werden eingesetzt bei Straftaten wie Sexualverbrechen oder Eigentumsdelikten. Sie führen dazu, dass sich die Opfer nach dem Aufwachen aufgrund von Gedächtnislücken für die Wirkungszeit nicht mehr, oder kaum noch an die Tat oder den Tathergang erinnern können. Darum ist es für Opfer schwer, den strafrechtlichen Beweis zu bringen. Und das Schlimmste ist, dass sich jeder, der Böses im Schilde hat, das Gemisch für die K.-o.-Tropfen offenbar völlig legal beschaffen kann!«

»Wie viel Disco-K.-o.-Opfer hat es wohl schon gegeben und wie viele muss es noch erst geben, bevor dieses gefährliche Scheißzeug verboten wird?«, fragte sich Loni bitter. »Die Täter lachen sich ins Fäustchen und vergewaltigen weiter!« Gut, dass sie regelmäßig die Pille nahm, so konnte sie eine ungewollte Schwangerschaft schon mal ausschließen. Große Sorgen machte sie sich aber um ihre Freundin Rieke, von der sie noch nichts gehört hatte.

Am nächsten Tag musste sie in der Zeitung lesen, dass eine junge Frau tot aus dem See im Nachbardorf gefischt wurde. Sie war identifiziert als Rieke B. Loni ließ die Zeitung fallen – das war ihre Freundin! Sie schrie laut auf und war verzweifelt.

Dann las sie weiter. Unter dem Artikel in der Kreiszeitung war ein Bild abgedruckt: »Wer kennt diese Männer? Sie werden verdächtigt, K.-o.-Tropfen an Frauen in Discos verabreicht zu haben. Sie stehen auch in dringendem Tatverdacht, Rieke B. vergewaltigt und ermordet zu haben. Außerdem könnten ihnen viele andere Delikte zur Last gelegt werden. Die Kripo bittet die Bevölkerung um Hinweise und Berichte von K.-o.-Tropfen geschädigten Personen im Landkreis.«

Loni guckte hypnotisiert auf das unscharfe schwarz-weiß Bild in der Zeitung. In ihrem Kopf rotierte es gewaltig. Die Erinnerung war schwach, aber dieser große blonde Kerl auf dem Bild, der tauchte immer wieder in ihrem Kopf auf. Der hatte an der Theke gestanden und sie frech angesehen! Der andere Mann auf dem Bild war nicht zu erkennen.

Er hatte wohl die Drinks spendiert und ganz heimlich die Tropfen reingetan!

Aber womit und wie konnte Loni das beweisen? Mit gar nichts! Er und sein Kumpan hatten freie Fahrt für nächste Opfer!

Wochenlang wartete Loni gespannt darauf, dass die Kripo diese Verbrecher endlich dingfest machen konnte. Sie rief oft im Dezernat an, fragte immer wieder, wie weit die Ermittlungen denn seien, bis ihr das untersagt wurde. Das konnte sie nicht hinnehmen! Sie glaubte, dass die Kripo diesen Fall nicht weiter verfolgte. Der Tod ihrer Freundin, ihre Vergewaltigung, lagen die etwa schon ad acta?

Diese Vermutung brachte Moni dermaßen in Rage, dass sie sich kaum wieder einkriegte.

Aber das brachte ihr gar nichts! Tage - und nächtelang sinnierte sie herum, wie sie selbst diese Täter bestrafen könnte. Selbstjustiz üben, war das nicht strafbar? Aber anders ging es wohl nicht, wenn sie zur Ruhe kommen wollte. Also musste sie selbst dafür sorgen, dass der große Blonde und sein Kumpan ihre Strafe bekamen. Wie Giftpfeile schossen diese Gedanken in ihrem Kopf herum und ließen sie nicht in Frieden.

Während der Arbeit musste sie sich zusammenreißen, um sich zu konzentrieren. In Gedanken spann sie ihre Rachefäden weiter, aber allein konnte sie nichts tun. Dazu brauchte sie Hilfe. Sie kannte von Riekes Beerdigung deren Bruder Dieter, der auch dafür sorgen wollte, dass die Täter ihre Strafe bekamen. Jedenfalls hatte er das während der Trauerfeier gesagt. Dieter war Kampfsportlehrer mit eigenem Studio.

Es dauerte gar nicht lange und Loni hatte ihn auf ihrer Seite, weil sie gemeinsame Interessen hatten. Beide berieten in vielen Stunden, wie und wo sie den blonden Verbrecher, der sicher der Anführer der Disco-Verbrecher war, ans Leder kommen könnten.

»Wir müssen den erledigen und seinen Kumpan gleich mit!«, rief Dieter nach langen Beratungen. »Anders geht es nicht, Loni. Wir dürfen uns unser Tun nicht nachweisen lassen. Du, wir arbeiten doch nur gerecht, wenn wir es schaffen, die Hunde zur Hölle zu schicken, sonst morden die Banausen mit Hilfe der K.-o.-Tropfen hemmungslos weiter. Sie sollen für das, was sie dir angetan haben, und für Riekes qualvollen Tod büßen!«

Der Plan stand fest: Loni sollte den Lockvogel machen und Dieter wollte sich, wenn der Plan gelang, um die Mörder kümmern. Widerwillig willigte Loni schließlich ein. Das würde ganz sicher eine harte Tour, und sie hatte Angst.

Wochenends stand sie aufreizend bis zur Unkenntlichkeit geschminkt, im schwarzen Lackmini mit roter Bluse an der Bar in der Disco. Die Lichtorgeln flackerten in bunten, schrillen Farben, die Musik war laut und unangenehm. Gegen 22 Uhr wurde es richtig voll, viele junge Menschen bewegten sich ausgelassen auf der runden Tanzfläche.

Einige junge Männer baggerten Loni an, aber sie tanzte lieber allein, um aufzufallen, aber wohl war ihr dabei ganz und gar nicht. Bisher war der große Blonde noch nicht aufgetaucht und Loni wurde schon mutlos, hatte auch keine Lust mehr, hier die durchgeknallte Partyqueen zu spielen.

Der nächste Sonnabendabend sollte der Letzte sein, an dem sich Moni an die Bar in der Disco stellen wollte. Sie fand es schrecklich, obwohl sie wusste, dass Dieter immer in ihrer Nähe war. Der animierte sie auch weiterzumachen.

In der vierten Disconacht, als Loni zu später Stunde ihre Limo bezahlen wollte, legte jemand seine Hand auf ihr Portmonnaie.

»Lass stecken, Süße! Du bist mein Gast, schöne Unbekannte!« Verschreckt sah sie zur Seite. Da stand er, der große blonde Kerl aus der Zeitung! Der Mörder von Rieke und ihr Peiniger! Kalte Gruselschauer jagten über ihren Rücken, aber sie riss sich zusammen. Plötzlicher Mut besiegte ihre Angst.

Kalt lächelnd musterte sie den Blonden von oben bis unten. »Na Lady, gefalle ich dir?«, säuselte er an ihrem Ohr. »Du haust mich glatt um! Ich geb' doch glatt 'ne Pulle Sekt für dich aus!«

Als die Sektgläser vor ihnen standen, tranken sie sich zu. Loni hatte ihr Glas voll im Blick. Sie war ganz ruhig und flirtete sogar mit dem Blonden. Sie ließ auch Dieter nicht aus den Augen, der unweit von ihr an der Bar lümmelte, und scheinbar gelangweilt sein Getränk schlürfte.

Blondi ging mit Loni tanzen. Als sie auf der Tanzfläche waren, schlich sich ein Typ zur Bar und an Lonis Glas heran, ließ aus einer kleinen Flasche, die er unauffällig in der Hand hielt, ein paar Tropfen in ihren Sekt fallen. Dabei plauderte er in der Runde, damit niemand sein Handeln bemerkte. Nur Dieter hatte alles gesehen.

Bald herrschte dichtes Gedränge, weil immer mehr Leute kamen. Loni und Blondi schlängelten sich bis zur Bar durch. Bange sah sich Loni um, weil sie Dieter nicht fand, aber nach kurzer Zeit war er wieder an seinem Platz an der Bar. Blondi forderte Loni auf, ihr Glas auf Ex zu leeren, um ihr nachzuschenken. Ihr präpariertes Glas war noch halbvoll, sie musste sich jetzt etwas einfallen lassen. Plötzlich drehte sie sich um und rief: »Oh Mann!« Blondi ruckte hoch, drehte sich ebenfalls nach hinten um. Diesen Moment nutzte Loni und kippte den Inhalt ihres Glases schnell auf den Boden. Fix hielt sie das Glas an den Mund und meinte: »Oh du! Das tut jetzt gut!«

Blondi schaute auf das leere Glas und sah die leicht schwankende Loni prüfend an. Das entlockte ihm ein gemeines Grinsen. »Oh,oh!«, stöhnte Loni. »Was ist das? Mir wird so anders – mir wird schlecht!«

Blondi winkte unauffällig nach dem Typen mit den Tropfen und legt beide Arme um Loni, die nun langsam schlaff zu werden drohte. Er schob sich mit ihr im Arm durch das Gedränge nach draußen. Der andere Mann kam mit Lonis Handtasche hinterher. Sofort heftete sich Dieter an seine Fersen.

Loni wurde in den Hinterhof der Disco geschleppt. Dort standen Mülltonnen, lagen Stoffsäcke, Papierkartons und Sonstiges herum. Blondi ließ Loni, die sich total schlaff gab, einfach auf einen Papiersack plumpsen, riss ihr die Bluse auf und wollte ihr gleich an die Unterwäsche. Vor Angst stöhnte Loni laut. »Ach, komm Mieze!«, lachte Blondi schäbig. »Stell dich nicht so an. Du willst es doch, so wie du rumläufst! Du bist doch scharf wie Nachbars Lumpi, du Nutte!«

Sein Kumpel steckte sich derweil Monis Portmonnaie in die Hosentasche und warf ihre Handtasche in eine Mülltonne. Dieter beobachtete das alles sprung- und tatbereit. Ihm zitterten die Hände vor Wut über das abartige Treiben der beiden Kerle. Blondi hatte schon seine Hose heruntergezogen, wollte sich gerade an Loni vergreifen, als ihn von hinten ein sagenhafter Schlag traf, der ihn das Leben kostete.

Dieter hatte seine sonst verbotene Kampfhand eingesetzt, hatte dem Strolch sozusagen den Schädel gespalten. Der kriminelle Kumpan stand fassungslos da. Dieter ergriff ihn, fingerte aus der fremden Hosentasche Lonis Portemonnaie und die kleine Flasche heraus und haute dem Typen eins aufs Maul, dass der lang hinschlug. Dieter drehte die Flasche auf, beugt sich über den Fiesling, und ließ ihm mit etwas Gewalt den Inhalt ins kriminelle Maul tropfen. Bald danach sackte der Typ ganz zusammen und gab keinen Laut mehr von sich.

Loni war längst aufgesprungen und eilte Dieter zu Hilfe, denn so ging die Arbeit schnell weiter, Spuren beseitigen!

Sie angelte ihre Handtasche aus der Mülltonne. Die beiden schlaffen Typen mussten hier weg, ehe es hell wurde. Dieter fuhr seinen Transporter heran, hob mit Lonis Hilfe die Gestalten hoch, hievte sie auf die Ladefläche und dann fuhren sie los. Unterwegs hielten sie an einem Waldstück an und luden den mit K.-o.-Tropfen-Betäubten unter einem Busch ab. Da konnte er liegenbleiben, bis er wieder zu sich kam. Die Chance hatte er ja. Er würde sich wohl an nichts mehr erinnern können, weil seine Gedächtnislücken vom unfreiwilligen Genuss der unverdünnten K.-o.-Tropfen so groß sein würden, dass seine Erinnerungen für immer flöten gegangen waren.

Monate später stand in der Zeitung, wieder unter dem alten Schwarz-Weiß-Bild von Blondi: »Die Suche nach dem vermutlichen Disco-Mörder Klaus N. verlief bisher erfolglos. Sein vermeintlicher Mithelfer bei den Sexualverbrechen und Raubüberfällen Peter P., der derzeit in einer psychiatrischen Anstalt untergebracht ist, kann sich nach wie vor an nichts erinnern. Er wurde damals unter Drogen stehend in einem Waldstück nahe Bremen gefunden. Die Kripo bittet um Hinweise, um Klaus N. Dingfest zu machen. Er gilt als brutal und gefährlich.«

Loni und Dieter, das glückliche Paar, guckten sich schelmisch an und dann lächelten sie: »Gartenarbeit entspannt und macht ja auch Spaß. Das kommt aber immer darauf an, wen man dort vergraben hat!«

Die scharfe Waffe der Frau Lindemann

Frau Emilie Lindemann war in der Küche beschäftigt, als es an der Haustür klingelte. Sie guckte erstaunt auf die Uhr: »Wer will denn jetzt in der Mittagszeit etwas von mir?«, fragte sie sich ärgerlich, als es ein zweites Mal klingelte. Langsam schlurfe sie in den Flur an die Haustür, man war ja nun nicht mehr die Flotteste mit 85 Jahren! Sie machte die Tür auf und vor ihr standen zwei jüngere Männer in Arbeitsoveralls. Die stellten sich als Heizungsmonteure vor, entschuldigten sich gleich wegen der Störung und teilten Frau Lindemann aber gleich nachdrücklich mit, dass mit ihrer Heizung etwas nicht stimmen konnte.

»Wieso das denn?«, wollte sie wissen. »Das kann gar nicht angehn, weil ich die erst letzte Woche habe warten lassen!«

»Das mag gern sein«, meinte einer der Männer »aber wir waren gerade gegenüber auf dem Dach und dabei haben wir den starken Qualm aus Ihrem Schornstein aufsteigen sehen. Da ist was nicht in Ordnung, sagten wir uns, darum sind wir hier.«

»Ja und? Was wollt ihr?«, fragte Frau Lindemann forsch.

»Liebe Frau Lindemann!«, rief der andere Mann bedeutungsvoll, nachdem er kurz auf dem Klingelknopf ihren Namen gelesen hatte. »Das ist gefährlich, weil Ihre Heizung explodieren könnte!«

»Was denn?«, erschrak Frau Lindemann, »explodieren kann die? Dann rufe ich doch gleich mal meine Heizungsfirma an!«

»Haalt, beste Frau!«, rief der ältere der Männer. »Bis die hier sind, kann das schon zu spät sein,! Wissen Sie was? Wir helfen jetzt sofort, wenn Sie uns die Heizung prüfen lassen. Wir sind ja schließlich vom Fach!« Er langte in seine Hosentasche und zog ein Ausweispapier heraus, das er der Frau hinhielt. Die konnte das ohne Brille schlecht lesen. Darum sagte der Ältere: »Schau'n Sie, wir sind von der Heizungsfirma Mach & Co. Wir haben unsere Kunden hier in der Straße bedient und sind auf den gefährlich schwarzen Rauch bei Ihnen aufmerksam geworden.«

»Schwarzer Rauch sagen Sie? Oh Gottegott! Dann kommen Sie mal fix herein und sehen nach der Heizung!«

Endlich ließ Frau Lindemann die beiden Männer herein, die sich gleich an ihr vorbei drängelten und sich genau umsahen. »Wo steht die Heizung?«, wollte einer wissen, während der andere schon in der Stube stand.

»Hallo Sie, kommen Sie da mal schnell wieder raus!«, rief sie scharf. »Die Heizung ist im Keller!« Sie wies auf die Kellertreppe, aber nur einer ging hinunter. Der andere sah sich verdächtig auffällig alle Räumlichkeiten an. Das gefiel Frau Lindemann aber gar nicht: »Was machen Sie hier eigentlich? Kommen Sie mal hierher in den Flur!«

Der Mann kam auf sie zu und grinste: »Keine Angst Oma, ich muss hier oben bleiben und fühlen, ob die Heizkörper warm werden!«

Nun wurde Frau Lindemann aber komisch zumute. Ob die Kerle am Ende Einbrecher waren? Man hatte ja schon so viel gelesen. Der freche Kerl schob sie jetzt einfach beiseite, marschierte ins Schlafzimmer und machte die Schränke auf.

»Nun reicht es aber!«, schimpfte Frau Lindemann. »Auf der Stelle raus mit Ihnen, sonst rufe ich die Polizei!«

»Das tust du nicht, du alte Schachtel!«, rief es hinter ihr. Der Kerl aus dem Keller drückte sie in die Ecke. Der andere ging lachend hin und riss das Telefonkabel aus der Wand. Frau Lindemann bekam Atemnot und Herzrasen.

»Mein Gott!«, dachte sie. »Das ist mein Ende!« Der Kerl tat ihr weh, weil er sie so sehr drückte.

»Sag uns mal schön, wo du dein Geld hast!«, zischte er ihr zu.

»Ich hab doch nichts im Hause!«, wimmerte sie.

Er lachte. »Das glaub ich dir nicht! So alte Tucken wie du gehen einmal im Monat zur Bank und holen sich Geld ab. Wir wissen genau, wie hoch deine Pension ist, wir haben dich beobachtet. Als ehemalige Studienrätin haste sicher reichlich Schotter - also nochmal, wo haste die Kohle?«

Sie schlotterte vor Angst und nickte. Er ließ sie los, der andere stand frech grinsend vor der Stubentür.

Sie blieb stehen, wurde auf einmal ganz ruhig und sagte: »Lasst mich in die Küche, da hab ich was!« Misstrauisch folgte ihr ein Gangster. Sie ging gleich auf den Herd zu, weil die Kartoffeln überkochten. Sie stellte den Herd aus, bückte sich zum Backofen hinunter und stellte ihre große schwere Eisenpfanne auf der Arbeitsplatte neben den Herd ab.

»Hee Oma, was soll das denn? Rück den Zaster rüber!«, wurde sie barsch aufgefordert. Sie reagierte wie ein Uhrwerk.

»Geht ihr dann weg und tut mir nichts?«

Der andere Kerl kam gerade in die Küche, sie sahen sich kurz an und der Ältere schüttelte mit dem Kopf.

»Neee Omma! Du hast uns ja gesehen, kannst uns genau beschreiben. Wir machen dich weg. Hast ja wirklich lang genug gelebt!«

Sie blieb immer noch ruhig, weil sie nun genau wusste, was sie tun musste. Sie bückte sich, kam langsam wieder hoch und stöhnte: »Dort, in der untersten Schublade, da habe ich meine Geldkassette. Die müssen Sie selbst rausholen, weil die Schublade so klemmt. Oh, mein Rücken!«

Der ältere Räuber kam an, schob sie grob zur Seite, was Frau Lindemann ausnutzte, und nach dem großen Brotmesser griff, das sie hinter sich ablegte. Vielleicht konnte sie das noch gebrauchen.

Der andere Kerl war im Schlafzimmer zugange und durchwühlte ihren Schrank, wobei er sicher alle Wäschestücke herausriss und durcheinander warf. In Frau Lindemann gärte die Wut. Als der Räuber vor ihr sich bückte und auf die Knie ging, witterte sie ihre Chance. Sie holte tief Luft, griff ihre Eisenpfanne, holte ordentlich aus und donnerte dem Bösewicht von hinten über den Dassel. »Doiinggg!« Der sackte gleich zusammen wie ein nasser Sack, stöhnte heiser und rührte sich nicht mehr.

Frau Lindemann entwickelte ungeahnte Kräfte und den Mut einer Kriegerin. Sie stieg über den reglosen Bösewicht hinweg, versteckte die Pfanne hinter ihrem Rücken und marschierte so ins Schlafzimmer. Der zweite Räuber war sehr beschäftigt, er kippte gerade den Inhalt der Nachttischschublade aus. Von dem Vorfall in der Küche hatte er nichts mitbekommen. Als er sich umdrehte, weil er ihre Schritte hinter sich vernommen hatte, holte Frau Lindemann bereits kräftig aus und, bevor er zur Seite springen konnte, traf sie ihn direkt vor den Schädel. Die schwere Waffe summte eisern, während er wie ein gefällter Baum auf den Fußboden aufschlug. Er stöhnte, zuckte ein wenig mit Armen und Beinen, röchelte leise und verdrehte die Augen. Dann ruhte er still.

Ungerührt besah sich Frau Lindemann das Szenario, schüttelte sich und wunderte sich über ihre ungeahnten Fähigkeiten.

»Was nun?«, fragte sie sich laut, aber dann wollte sie zur nächsten Tat schreiten. Sie stieg über den Räuber hinweg zu ihrem Nachtschrank hin, der schräg auf dem Boden lag, zog die kleine Schublade auf und langte sich ihr Handy heraus. Sie rief die 110 an, ging in die Stube und wartete. Angst hatte sie nicht mehr, die beiden Verbrecher waren ja schachmatt gesetzt. Aber was, wenn sie die beiden totgeschlagen hatte?

Nun wurde ihr doch mulmig, war sie eine Mörderin? Menschenskindnochmal! Schweiß sammelte sich auf ihrer Stirn und die Herzfrequenz ging steil nach oben. Dann klingelte es. Schwerfällig stand sie auf, schlurfte zur Haustür und öffnete. Zwei Polizeibeamte stürmten in die Wohnung, fragten, was denn genau passiert sei.

»Da!«, konnte sie nur sagen und zeigte auf den am Boden liegenden Verbrecher im Schlafzimmer und anschließend auf den in der Küche

Schlummernden. »Die könnt ihr beide mitnehmen! Ich bin mit denen fertig!«

Die Ordnungshüter guckten verdutzt und kümmerten sich um die Banditen. Sie orderten einen Krankenwagen und einen Bestatter. Frau Lindemann hatte den Kerl in der Küche mit der Pfanne ins Jenseits befördert und den anderen im Schlafzimmer krankenhausreif zugerichtet.

Die Polizisten wollten die Tatwaffe sehen, sie zeigte die Eisenpfanne. Die Beamten grinsten anerkennend und notierten Notwehr. Sie zollten Frau Lindemann höchste Anerkennung für ihre Überlegenheit.

Als die beiden Verbrecher abgeholt wurden, nahmen die Beamten mit Frau Lindemann ein Tathergangs-Protokoll auf. Danach war Frau Lindemann fix und fertig, dass sie erst Mal einen starken Kaffee brauchte. Die Polizisten kriegten auch einen, den hatten sie sich verdient.

Am nächsten Tag las Frau Lindemann wie immer die Zeitung. Darin stand auf der ersten Seite in großen Lettern: »Taffe Oma verprügelt Diebesbande ... Den folgenden Bericht las sie nicht mehr, weil sie sich ärgerte. Das war doch unmöglich: Die hatten sie OMA genannt!

Gefährliche Ehe

Die Feier war in vollem Gange, die Gäste aßen, tranken und waren höchst vergnügt, weil die Musiker flotte Weisen dazu spielten.

Nur Erika und Horst war die Unzufriedenheit deutlich anzusehen. Aber sie versuchten, wenigstens an diesem Tage zu schauspielern, weil sie der Anlass für diese Feier waren. Zehn Jahre waren sie verheiratet, obwohl Erika schon lange an Scheidung dachte, weil sie sich total auseinander gelebt hatten.

Horsts Schwester hatte diese Feier organisiert, um sie als Chance für den Fortbestand dieser Ehe wahrzunehmen.

Horst war als Vertreter in Sachen Landmaschinen meistens die ganze Woche unterwegs. Erika war Verkäuferin in einem Fachgeschäft für Orthopädie. Nur sonntags hatten sie Zeit füreinander, weil beide sonnabends arbeiteten. Aber diese kurze Zeit nutzten sie nicht miteinander, weil sie sich fast immer nur stritten. Erika hatte ihren Horst mächtig in Verdacht, dass er es mit anderen Frauen trieb. Ab und zu nahm sie Telefonanrufe entgegen. Dann war manchmal eine Frau in der Leitung und fragte nach »Schatzi!« Das kam Erika verständlicherweise höchst verdächtig vor.

Erika und Horst hatten keine Kinder, es hatte bisher nicht geklappt. Horst schlug Erika oft vor, es doch mal ohne Gummi zu versuchen, aber das ließ sie gar nicht zu, weil sie Angst hatte vor Aids und anderen Krankheiten. Sie wusste ja nicht, mit wem Horst so alles in die Falle stieg.

Wenn sie Horst einmal was Gutes tun wollte, gab sie sich Mühe beim Kochen. Fragte sie ihn dann, ob es ihm denn schmeckte, antwortete er: »Warum suchst du denn schon wieder Streit?« Seitdem kochte Erika nur noch vor Wut.

Montagmorgens beim Frühstück, bevor sich die beiden wieder für eine Woche trennten, wollte Erika am liebsten Gift in Horsts Kaffee tun, weil der sich mal wieder die Zeitung demonstrativ vors Gesicht hielt. Das tat er nur, um ihr verkniffenes Gesicht nicht sehen zu müssen. Zu sagen hatten sie sich dann sowieso nichts mehr als nur »Tschüss!«

Wenn Horst sonnabends wieder nach Hause kam und Erika sich unbeobachtet wusste, durchsuchte sie als erstes seine Jacken- und Hosentaschen. Oft fand sie Hotelrechnungen und komische Notizen. Dann dachte sie immer an das Schlimmste, was »Schatzi« wohl alles wieder getrieben hatte.

Beim Abendessen saß ihr Horst mit einem seligen Gesichtsausdruck gegenüber. So jedenfalls sah Erika das, als sie ihn beobachtete - diesen scheinbar höchst zufriedenen Kater!

Das Telefon klingelte, beide sprangen auf und wollten zum Telefon. Erika war schneller. Horsts Freund Ewald war dran, sie reichte ihm den Hörer. Nach dem Gespräch teilte Horst ihr mit, dass heute sein Männerabend bei Jan Wind in der Kneipe war.

»Verdammt! Lässt du mich wieder allein?«, schrie Erika ihn an.

»Jawoll!«, tönte Horst. »Du quakst mir doch sowieso nur die Ohren voll!«

Der Männerabend wurde lustig. Am Ende fischte sich Horst eine alte Zeitung aus dem Ständer, suchte darin herum, holte sich vom Tresen eine Schere und schnitt fein säuberlich einen Artikel aus.

»Was machst du denn damit?«, wollte Jan Wind wissen. »Och du, ich brauch' nur den Artikel über den Ehemann, der seine Frau kaltblütig umgebracht hat, weil die immer wie die Stasi seine Taschen durchwühlt hat.«

»Und wozu brauchst du diesen Artikel?«

»Den stecke ich in meine Anzugtasche.«

Das nächste Wochenende verlief wie immer. Erika durchsuchte Horsts Anzugtaschen und fand den Zeitungsartikel. Ihr wurde erst heiß und dann kalt. Was hatte ihr Horst denn damit vor? Er wusste sicher, dass sie ihm misstraute. Ihr Wochenende war natürlich verdorben, vergnattert ging sie zu Bett. Das andere Bett aber blieb die ganze Nacht leer. Wo trieb sich Horst denn bloß herum? Sie wurde so böse, dass sie sich kaum wieder einkriegte: »Dass unsere Ehe kaputt ist, ist nur seine Schuld! Und nun will er mich loswerden! Himmel, was mach ich denn jetzt?«

Sie setzte sich und sinnierte Böses. »In jeden Kerl steckt auch was Gutes! Und wenn es bloß das Küchenmesser ist!«

Am nächsten Wochenende kam Horst brummig nach Hause. Seine ohnehin schlechte Laune sackte auf den Nullpunkt, als er Erika sah. Was hatte sie nun wohl wieder auf Lager? Ach, sie sollten sich endlich trennen! Die Wochenenden wurden immer verdorbener.

Abends wollte er ihr die Scheidung vorschlagen, auch, wenn das mächtig Theater gab. Aber das Theater fiel aus. Nach seiner Eröffnung guckte Erika ungläubig. Sie musste erst mal eben nachdenken.

»Uff!«, stöhnte sie innerlich. »Nun habe ich doch Angst, dass er mich nachts abmurksen könnte!« Sie hatte nämlich in seinem Kofferraum ein komisches Messer entdeckt, das in einer Lederscheide steckte. Darauf stand: »Echtes Schweizer Jagdmesser!«

Oh, sie musste ihm unbedingt zuvorkommen! Aber bloß wie und wo? Sie zermarterte sich den Kopf. Und dann hatte sie es!

Sie wollte einen letzten Sonntags-Ausflug mit Horst machen. Und wenn er einwilligte, musste sie handeln, bevor er es tat. Horst zögerte erst, aber dann kam er doch mit.

»Mit meinem Auto?«, fragte er.

»M- mm- mit meinem!«, stotterte sie aufgeregt. Bloß nicht mit seinem Auto mit dem Jagdmesser drin!

Sie fuhren los, fanden ein schönes Waldcafé und machten dort Pause. Erika lauschte der Unterhaltung eines jungen Paares am Nebentisch. Das war ja sehr interessant! Sie machte Horst darauf aufmerksam. Sie waren beim Bungee-Jumping-Stand gewesen, der gar nicht weit weg war. Genau das war auch Erikas Ziel. Horsts Interesse war geweckt, diesen Sport wollte er schon lange einmal ausprobieren, das reizte ihn.

Also fuhren die beiden bald los zum nächsten Ort. Mit dem Fahrstuhl fuhren sie hoch und standen oben am Bungee-Jumping-Stand. Da war aber gar nichts mehr los, kein Mensch weit und breit und der Schalter war auch geschlossen. Machten die hier etwa schon um siebzehn Uhr dicht? Das hatte Erika gehofft, sie brauchte keine Zeugen. Horst ging an den Abhang und sah staunend hinunter. Erika witterte endlich ihre große Chance. Jetzt oder nie! Kaltblütig stieß sie ihren Horst in den Abgrund und rief ihm nach: »Du wolltest doch schon immer mal ohne Gummi!«

Paris kann gefährlich sein

Wenn ein richtiger Landmann in eine fremde Großstadt kommt, die er überhaupt nicht kennt, kommt er sich wohl manchmal recht verloren vor. Hans-Werner Klüßen war ein echter Landwirt in den besten Jahren. Nun wollte er zum ersten Mal seinen Urlaub in Paris verbringen. Von dieser Stadt hatte er so viel Aufregendes gehört und gelesen, dass es ihn nun mächtig reizte, dort etwas Schönes zu erleben.

Bisher hatte er immer im Allgäu Urlaub gemacht, hatte die schönen braunen Kühe mit ihren klangvollen Glocken bewundert, sich ins seichte Almgras gesetzt und sich so die Zeit recht langweilig vertrieben. Sennerinnen gab es hier nicht und die schmucken Madln im Dirndl mit den rasanten Ausschnitten ließen ihn zwar tief blicken, waren aber leider alle vergeben. Das hatte er zu spüren bekommen, als er im letzten Urlaub eine angebaggert hatte. Ein stattlicher Kerl aus dem Dorf gab ihm mächtig was aufs Maul.

Ja, und nun ging's ab nach Paris, mal etwas ganz anderes! Hans-Werner war gespannt wie ein Flitzbogen, was ihn dort wohl erwartete. Zuerst mietete er sich in einem netten Hotel ein. In den ersten Tagen lief er ein bisschen kopflos durch die Gegend. Er sah nichts als Häuser und Straßen, der Verkehr war nervig, und ihn störten die lauten Hupkonzerte der rasant fahrenden Autos. Hans-Werner musste höllisch aufpassen, wenn er eine Straße überquerte, denn er fürchtete, dass wohl der Hintern abgefahren werden könnte.

»Ja, ja, das sind die Franzosen!«, dachte er bei sich. Immer, wenn er nach Sehenswürdigkeiten fragte, verstand ihn kein Mensch. Und er verstand kein Wort Französisch. Diese Sprache kannte er gar nicht, er konnte doch nur Plattdeutsch. Eines Abends in einem Lokal, in dem alles rosig gedimmt war, wo so ganz andere Musik zu hören war, so französisch und zärtlich, lernte er eine Wahnsinnsfrau kennen. Sie schwebte auf ihn zu, setzte sich neben ihn und säuselte ihm nach ein paar irre teuren Sektgläschen etwas Französisches ins Öhrchen, das er wieder nicht verstand. Aber es hörte sich himmlisch an. Sie begriff bald, dass er aus Deutschland kam. Sie sprach ein bisschen Deutsch mit ihm und das machte sie so süß, dass er sie fragte, ob sie ihm nicht ein paar schöne Stunden schenken könnte. »Oh Cherie, das kann isch doch geern! Dasch koschtet abber 100 Euro, und dann maken wirr es uns schönn. Un dann maken wir das Kuckucks-Schpielschen!«

Hans-Werner geriet ganz aus dem Häuschen, er willigte gleich ein und gab ihr das Geld.

Sie bestellten noch einen französischen Wein und gingen verliebt in ein Hotelzimmer, das die kleine, schnuckelige Französin gebucht hatte.

Dort erklärte sie ihm das Kuckucks-Spiel. Sie flüsterte ihm zärtlich zu: »Mon Cherie, isch rufe gleisch Kuckuck – erscht ziehe ich meine Schuhe aus und dann du. Und so geht es weiter nach jedem Kuckuck, bis nischts mehr am Body isch. Kannscht du das mitspschielen?«

Und ob er das konnte! Vor Erwartung und Aufregung zitterte er ja schon. Sie warf ihm grazil einen französischen Handkuss zu und machte das Licht aus. Jeder von ihnen rief nun abwechselnd »Kuckuck« und zog sich ein Kleidungsstück nach dem anderen vom Leibe. Als Hans-Werner völlig nackedei im Zimmer stand, kriegte er auf sein »Kuckuck« keine Antwort mehr. Nanu? Was war denn los? Er tapste zum Lichtschalter. Ach du Schreck, die Frau war weg! Und seine Klamotten auch. Alles weg! Auch sein Geld!

Ja, und was nun? Panik brach in ihm aus und Schweiß lief ihm über den nackten Rücken, so ein Scheiß! Er blickte aus dem Fenster – Mannometer, es wurde ja schon hell! Wie sollte er hier bloß rauskommen mit Nichts am Leibe? Er stürzte stöhnend auf das Fenster zu und sah hinaus. Nanu, was war denn da draußen los? Verwundert riss er die Augen weit auf. Dort unter seinem Fenster marschierte tatsächlich um diese frühe Morgenstunde eine Delegation von fünf Indern vorbei – gehüllt in bunte Gewänder!

Hans-Werner fasste sich an den Kopf, hatte die rettende Idee. Er riss die Vorhänge herunter und wickelte sich darin ein. Dann stürzte er die Treppen hinunter, raus durch den Personaleingang, lief den Indern hinterher und schloss sich ihnen ächzend an. Das war seine Rettung! Er japste laut. Da drehte sich einer von den Indern um, grinste hinterhältig und fragte auf Deutsch:

»Na, Kollege? Auch das Kuckucks-Spiel mitgemacht?«

Ludwig, das Monster

Im Tagesblatt stand in dicken Lettern: »Schon wieder Großbrand in Wolfshusen! Scheune fiel Flammen zum Opfer! Geschätzter Schaden bis zu 250.000 Euro. Zur Brandursache liegen noch keine Hinweise und Erkenntnisse vor. Verletzt wurde niemand.«

Genüsslich las Ludwig diesen Artikel und dachte erfreut, dass ja nun wieder etwas auf ihn zukam: nämlich eine Menge Versicherungsgelder.

Ludwig war ein Chef, kein normaler, sondern ein ungewöhnlicher Chef mit düsteren Geheimnissen.

Er war Leiter einer großen Agrar-Wirtschaft. Das Ungewöhnliche war, dass ihm regelmäßig eine von seinen großen Lagerscheunen abbrannte. Die Kripo vermutete dahinter meist Brandstiftung, aber das ließ sich nie beweisen.Wie die Brände entstanden, war Ludwigs dunkles Geheimnis.

In seinen großen Scheunen lagerte er hauptsächlich Stroh und Futtermittel, aber auch landwirtschaftliche Maschinen waren darin untergestellt. Die brachten ihm gute Mieterträge.

Ludwig schmunzelte in sich hinein. Scheunen anzustecken war schon eine Wissenschaft. Das war nichts für Laien! Die Kunst bestand darin, dass sich nichts nachweisen ließ, wenn Kripo und Versicherungen der Sache auf den Grund gingen.

Ludwig hatte verschwiegene Helfer, die ihm zu Diensten standen. Er bezahlte sie übermäßig gut, damit sie den Mund hielten.

Allerdings ein Mal, da hatte sich einer von denen erdreistet, ihn zu erpressen. Der hatte eine große Summe Schweigegeld gefordert. Er hatte den Mann auf die nächste Woche vertröstet, als wieder mal eine Scheune angesteckt werden sollte. Gemeinsam mit dem erbärmlichen Erpresser legte Ludwig nach genauen Beobachtungen und Überlegungen in einer von seinen großen Scheunen einen Brandsatz.

Bevor das Feuer hell aufloderte, hatte er dem untreuen Mitwisser mit dem Lehmann, der nicht zufällig hinter der Scheunentür stand, eins über den Schädel gezogen. Der Verräter ging dann gleich mit der Scheune in Flammen auf. Ludwig entfernte sich flott mit dem Auto des Unseligen, der sie beide auch hergefahren hatte. Ja, der Ludwig hinterließ keine Spuren!

Natürlich wurden nach dem Brand Skelettreste gefunden, aber die Kripo ging in diesem Fall von Selbstmord aus, weil sich die Frau des Identifizierten scheiden lassen wollte. Sie hatte ausgesagt, dass er Alkoholiker war. Für Ludwig lief die Sache wieder mal rund dank seiner gerissenen Schlauheit und Brutalität. Er fühlte sich sehr sicher.

Nach dieser Angelegenheit hatte er schon längst wieder drei Scheunen durch Brandstiftung verloren. Das konnten ja auch nur Brandstifter sein, die da am Werke waren, nach der Reihe an Bränden, so stand es in den Zeitungen. Die Kripo suchte fieberhaft nach den Übeltätern.

In diesem kritischen Zeitraum ließ Ludwig die Finger von Benzin und Feuerzeug. Er und sein treu ergebener Kumpan Max hielten sich zurück, um nicht erwischt zu werden.

Sie machten erst mal Urlaub, um ein bisschen Gras über die Brände wachsen zu lassen. Das war nach Ludwigs Meinung das Vernünftigste. Großzügig hatte er die Flugtickets samt Urlaub bezahlt. Die beiden lagen an einem wunderschönen Strand im warmen Sand. Ludwig tönte: »Du Max, diesen Urlaub hat doch glatt die Versicherung bezahlt! Für den letzten Brandschaden habe ich ordentlich kassiert! Weißte, wir beide können reich werden, wenn du nur immer zur Stange und dicht hälst, Mäxchen! Haste kapiert?«

Max nickte beeindruckt von Ludwigs Raffinessen, obwohl er, das musste er sich insgeheim eingestehen, doch Angst hatte vor Ludwig und seinen brutalen Machenschaften. Der konnte gefährlich werden, wenn einer nicht in der Spur lief. »Das kann doch nicht richtig sein, wenn

Menschen mit Betrügereien regiert werden!«, sinnierte er. »Aber sogar Politiker sind an Weisungen gebunden, aber natürlich viel lieber auch an Überweisungen.«

Abends beim Bier am Pool meinte Ludwig selbstgefällig: »Die ‚meisten Menschen sind einfältig! Ihre Meinungen hängen nur von Augenblicks-Eindrücken ab - so sehr, dass einer, der sie täuschen will, immer einen findet, der sich täuschen lässt!«

Eindringlich sah er Max dabei in die Augen. Der musste schlucken, weil er wusste, dass ihm Ludwig haushoch überlegen war. Der konnte mit ihm machen, was er wollte!

Max Angst vor Ludwig wuchs immer mehr. Nachts wälzte er sich ruhelos herum, weil ihm das Leben unter Ludwigs Regie nicht mehr behagte. Er würde am liebsten weit weglaufen, aber Ludwig würde ihn überall finden. Ach, er steckte ja genauso tief im Sumpf wie Ludwig! Er war Mittäter und Mitwisser von all den Schandtaten und Morden, die Ludwig ausbaldovert hatte, und die sie dann gemeinsam begangen hatten.

Die Sache mit Ludwigs Frau, die steckte dem Max noch immer in den Knochen. Damals hatte Ludwig eine begüterte, ältere Frau geheiratet, aber nur, um an ihr Geld zu kommen. Sie wachte streng darüber, dass er ihr treu blieb, was aber dem Ludwig äußerst schwer gefallen war. Seine Hobbys waren nämlich Betrügereien und hinter den Frauen her zu sein. Letzteres aber war mit Hulda, seinem Ehe-Dragoner, nicht mehr möglich. Sie überwachte sein Tun streng und er konnte nichts ohne ihre Zustimmung machen. Sie war ihm total ebenbürtig.

Eines Abends sollte Max, der auch Ludwigs Kalfaktor war, die große Güllegrube hinter dem Viehstall öffnen. Danach sollte er so lange laut rufen, bis Ludwig und Hulda herauskamen, um zu schauen, ob eventuell etwas mit dem Vieh nicht in Ordnung war. Schließlich hatte Hulda auch 50 leistungsstarke und teure Milchkühe mit in die Ehe gebracht.

Der Plan ging auf: Nachdem Max laut geschrien hatte, kam Hulda noch vor Ludwig angestürzt. Schwer atmend wollte sie von Max wissen, warum er so laut geschrien hatte. Dabei stand sie dicht an der Güllegrube und schimpfte, weil die unbeaufsichtigt offen stand.

Das war dann leichtes Spiel für Ludwig: Ein Schubs von hinten und seine ungeliebte Ehefrau Hulda fand in der Grube den Tod und er die langersehnte Freiheit.

Das Ganze zog ein langes Ermittlungsverfahren nach sich. Ludwig musste eine ordentliche Strafe zahlen, weil sich eine sehr grobe Fahrlässigkeit nachweisen ließ. Max wurde als Übeltäter hingestellt und bekam eine Bewährungsstrafe. Von da an war er endgültig und für immer auf Gedeih und Verderb an Ludwig gebunden, wenn er nicht einen Ausweg fand. Aber Max wusste genau, dass Ludwig kurzen Prozess mit ihm machen würde, wenn er nicht zu dessen Stange und seinen fiesen Machenschaften hielt. Mitwisser, die ihm nicht treu waren, schickte Ludwig direkt in die Hölle!

Wieder zurück auf dem Ludwig'schen Anwesen ließ Max der Gedanke an Flucht nicht los, aber er wusste, dass das unsinnig war. Erstens musste er danach Angst um sein Leben haben und zweitens hatte er nicht genug Geld, um im Ausland unterzutauchen. Also musste er sich etwas ganz anderes einfallen lassen, etwas Gemeines, etwas Waghalsiges ... denn so, wie er sein Leben hier leben musste, wurde es ihm unerträglich!

Kurz vor Weihnachten hatte sich Max einen Plan erarbeitet, der ihm auch ziemlich sicher erschien. Er arbeitete mit Ludwig in einer neu gebauten Scheune. Hier sollte nämlich die Einweihung mit großem Pomp gefeiert werden in Anwesenheit des Bürgermeisters, der Feuerwehr, den Mitarbeitern und Dorfbewohnern. Aufs Geld kam es Ludwig dabei nicht an, davon hatte er wirklich reichlich.

Bald war alles parat für die große Feier: Tische, Bänke und bunte Lichterketten an der Decke als romantische Beleuchtung. Max hatte zusätzlich etliche Strohbündel zwischen die Tische verteilt, was dem Ganzen einen bäuerlichen Eindruck vermittelte. Es gab eine große Theke, bestückt mit reichlich Gerstensaft und Korn, ganz so, wie es sich für einen reichen Bauern geziemte, der nicht zu sparen brauchte.

Max nahm nun seinen Plan in Angriff, obwohl er innerlich fror und er Angst vor seinem Mut bekam. Er zapfte Bier in zwei Gläser, was Ludwig auch gönnerhaft lachend billigte, es musste ja auch erst mal angetrunken werden.

Max zeigte demonstrativ auf die Deckenbeleuchtung, so, als ob damit etwas nicht in Ordnung war. Ludwig drehte sich um und guckte hoch. In diesem Moment griff Max flink in seine Hosentasche, zog eine kleine Flasche heraus und goss den Inhalt schnell in Ludwigs Bierglas. Danach reichte er es Ludwig über die Theke hin. Das Bier im Glas wirbelte heftig durcheinander, als Ludwig es durstig an die Lippen setzte. Er nahm ein paar kräftige Schlucke und rief dann laut »Prost Max!«

Kurz danach griff er sich an den Hals, röchelte laut, seine Augen quollen ihm fast aus dem Gesicht und er begann, wild um sich zu schlagen, wobei ihm das Bierglas aus der Hand fiel. Ludwig stürzte auf Max zu, aber die Beine knickten ihm weg, Max ging schnell in Deckung.

»Du verfluchter Hund!«, würgte Ludwig heiser heraus. »Was hast du mir ins Bier gekippt? Ich bring dich um!« Max stand abwartend hinter der Theke, um sich zu schützen. Ludwig bekam heftige Schweißausbrüche und Lähmungen. Danach schüttelten ihn fürchterliche Krämpfe, er sah alles nur noch im Nebel und sackte auf einem Strohbündel zusammen.

Sein Atem kam stoßweise und unregelmäßig. Als Max sah, dass es mit Ludwig zu Ende ging, kam er auf ihn zu und blieb ruhig vor ihm stehen. Er rief dem Sterbenden zu: »Adios Ludwig, du Monster! Betrügen und betrogen werden, nichts ist gewöhnlicher auf Erden! Ich habe dich erlöst von all dem Bösen! Gute Himmelfahrt!«

Die Monatsmorde in Auental

Die Abendsonne schickte letzte Strahlen über die Villa Auental. Inmitten grüner Parkanlagen, umgeben von hohen Bäumen und dichten Büschen lag die exklusive Seniorenresidenz. Als die rote Sonne am Horizont versank, wurde es bald dunkel. Leise bewegte der warme Nachtwind die Büsche und raschelte in den Blättern der Bäume.

Ganz langsam fuhr ein schwarzer Kombi die Auffahrt hoch. Der Kies knirschte unter den Reifen, als das Auto hinter der Villa zum Lieferanteneingang abbog.

Dann ging alles sehr schnell: Zwei Personen stiegen aus, eine machte den Kofferraum auf, zwei andere Personen trugen einen Sarg aus dem Eingang und schoben den in den Kofferraum.

Leise wurden ein paar Informationen ausgetauscht, es folgte eine Briefübergabe und dann verließ der schwarze Kombi das Gelände wieder.

Am anderen Morgen, als 16 Senioren beim Frühstück saßen, erklärte ihnen die Direktorin von Haberlandt, die auch gleichzeitig die Eigentümerin dieses Prachtbaus war, dass Frau Gertraude von Bleckwitz im Alter von 87 Jahren leider verstorben war. Es wurde eine Gedenkminute abgehalten.

Die Gäste, die hier in der noblen Villa wohnten, waren erlesen und gut betucht. Senioren mit normalem Einkommen hatten hier nichts verloren, weil hier bloß ältere Herrschaften mit gut gefüllten Bankkonten einziehen konnten.

Mittags stellte Frau von Haberlandt die neue Mitbewohnerin Charlotte Berger vor, die ein größeres Vermögen in Form einer Fabrik ihr eigen nannte. Natürlich wurde Frau Berger erst einmal argwöhnisch beguckt von den anderen Senioren, aber sie fügte sich schnell in das angenehme Ambiente ein. Sie bewohnte die Suite der verstorbenen Frau von Bleckwitz. Die Warteliste war lang, hier konnte bloß jemand nachrücken, wenn ein Bewohner das Zeitliche gesegnet hatte.

Einen Monat später ging die Sonne wieder glutrot unter und es wurde dunkel. Langsam kam der schwarze Kombi wieder die bekieste Auffahrt hoch, fuhr an den Personaleingang, zwei Personen stiegen aus, eine öffnete den Kofferraum, zwei andere trugen einen Sarg heraus und schoben ihn ins Auto. Ein Wortwechsel, eine Briefübergabe und der Kombi fuhr wieder weg.

Beim Frühstück am nächsten Morgen gab Frau von Haberlandt traurig bekannt, dass Herr von Sonngardt im hohen Alter von 94 Jahren das Zeitliche gesegnet hatte.

In seine Suite zog bald eine Seniorin mit prachtvollem Kontostand ein.

Die Villa Auental gedieh ganz prächtig, weil sie stets gedüngt wurde mit den monatlichen Mieten. Frau Direktorin von Haberlandt schätzte sich überaus glücklich über den ständig wachsenden Reichtum. Sorgen hatte sie keine, weil immer neue Senioren nachrückten, wenn eine Suite frei wurde. Personal war genug vorhanden und Frau Doktor Ute de Garlande versorgte die Senioren fürsorglich. Sie war angesehen und wurde sehr geschätzt von den Bewohnern der Villa Auental, sicherlich auch, weil sie einen französischen Adelstitel trug. Den französischen Nachnamen hatte sie nach ihrer Scheidung behalten, denn als Dr. Ute Schmitt hätte sie hier keine Chance gehabt.

»Lass mich bloß zufrieden!«, schimpfte Anton von Sobeck mit seiner Nichte Doris Wolters, die ihn jeden Monat in der Villa Auental besuchte, und sich um seine finanziellen Angelegenheiten kümmerte.

»Onkel Anton, bitte! Fahr mit mir zur Bank und überzeuge dich, dass dein Geld und die Aktien alle noch da sind! Ich nehme dir doch nichts weg!«, verteidigte sich Doris und dachte bei sich: »Oh, dieser verdammt misstrauische Geizkragen!« Onkel Anton kam wütend aus dem

Sessel hoch: »Du beklaust mich doch jedes Mal, wenn du Geld für mich holst. Meinst du, ich merke das nicht? Immer gibt es Unstimmigkeiten! Und damit du Bescheid weißt: Frau von Haberlandt hat jetzt Vollmacht über meine Konten, du bist raus!«

Doris schluckte schwer, sie konnte nicht glauben, dass sie jetzt eine Aufpasserin hatte. Weil Doris Onkel Antons Konto verwalten durfte, hatte sie sich heimlich immer einen kleinen Betrag zukommen lassen, obwohl er ihr dafür ein Gehalt überweisen ließ, aber das dürfte nun sicher vorbei sein. Hatte der Alte doch was gewittert! Eigentlich mochte sie ihn gar nicht leiden, schon als Kind nicht, weil er schon immer übellaunig und hässlich zu ihr gewesen war. Ob er jemals in seinem Leben gelacht hatte? Konnte er das überhaupt?

Onkel Anton studierte die Kontoauszüge und die Fondberichte, die Doris mitgebracht hatte. Ohne hochzusehen, wedelte er heftig mit der Hand in ihre Richtung. Das hieß wieder einmal, dass sie verschwinden sollte. Er bedankte sich nie für ihr Kommen und sagte auch nie »Auf Wiedersehen«.

»Jedes Mal ist es das Gleiche! Er achtet mich überhaupt nicht!«, dachte Doris zornig. »Man sollte ihm den faltigen Hals umdrehen!« Gerade als sie die noble Suite verlassen wollte, kam Frau Doktor de Garlande herein. Überschwänglich freundlich begrüßte sie Anton von Sobeck, prüfte seinen Puls, warf dabei einen langen Blick auf die Konto-Auszüge, die offen auf dem Tisch lagen. Dann fragte sie nach seinem Wohlergehen, ließ ihm einen guten Vitalis-Drink zukommen, den er ihr sogleich bezahlte. Sie strich ihm leicht über die Schultern und ging: »Bis morgen, Herr von Sobeck!«, winkte sie ihm noch zu.

Vier Wochen später, die Sonne war gerade glutrot am Horizont versunken, kam ein schwarzer Kombi knirschend die Kiesauffahrt herauf, fuhr an den Personaleingang, zwei Personen stiegen aus, eine öffnete die

Kofferraumhaube, zwei Personen trugen einen Sarg heraus und schoben ihn flott in den Kombi. Ein leiser Wortwechsel, eine Briefübergabe und das schwarze Auto entfernte sich wieder.

Am nächsten Morgen kam Frau von Haberlandt mit einer großen, flackernden Kerze in den Frühstücksraum und verkündete mit trauriger Miene, dass in den frühen Morgenstunden Frau Charlotte Berger friedlich entschlafen war.

Einige Senioren schauten schockiert und Frau von Kalkstein rief: »Das ist doch unmöglich! Jeden Monat stirbt hier jemand von uns. Da bekommt man ja Angst!«

Die Mitbewohner nickten beifällig. Doch Frau von Haberlandt griff schnell ein und meinte beschwichtigend: »Aber meine Herrschaften, bitte! Die verstorbenen Damen und Herren haben doch ein hohes Alter erreicht! Denken Sie bitte daran!«

Der zitterige Herr von Sonderburg rief mit brüchiger Stimme: »Bin ich denn auch wohl bald an der Reihe?« Auch sie anderen reagierten etwas unruhig, bis sie ihren Sekt-Beruhigungs-Trunk bekamen, den Frau Doktor verordnet hatte.

Einen Monat später, als die Sonne gerade glutrot hinterm Horizont versunken war und sich die Dunkelheit herabsenke, kam wieder ein schwarzer Kombi über den Kiesweg herangefahren und holte einen Sarg ab.

Am nächsten Morgen, die Herrschaften saßen wieder beim Frühstück, stellte man fest, dass ein Platz frei geblieben war. Alle guckten sich zweifelnd an. Was sollte das bedeuten? War etwa schon wieder ...?

Gesenkten Hauptes kam Frau von Haberlandt mit einer Kerze in den Raum und verkündete mit pietätvoller Stimme, dass in der letzten Nacht der Herr von Sonderburg von seiner Demenz- und Parkinsonkrankheit erlöst worden war. Allgemeines Gemurmel ließ sich vernehmen und ängstliche Blicke jagten umher. Eine Seniorin blickte auf Frau von Haberlandt und flüsterte: »Ob die wohl was mit der monatlichen Sterberei zu tun hat?«

Nachdem zwei Tage vergangen waren, war die Suite von Herrn von Sonderburg wieder bewohnt.

Der Sommer verabschiedete sich langsam und die Tage wurden kürzer. Frau Doktor de Garlande verabreichte munter teure Vitalis-Drinks gegen Erkältung und Grippe. Damit verdiente sie sich nette Extra-Boni zu ihrem ohnehin schon üppigen Gehalt dazu.

Es ist leider so: Je mehr Geld ein Mensch bekommt, desto leichter kann es für ihn sein, ein Lump zu werden.

Vier Wochen später, die Sonne war längst untergegangen, als düstere Nebelschwaden über die Villa Auental waberten, fuhr wieder ein schwarzer Kombi über die Auffahrt, um einen weiteren Sarg abzuholen.

Am nächsten Morgen saßen die Auental-Gäste am Frühstückstisch. Sie warteten auf Frau von Haberlandt, weil schon wieder ein Platz frei geblieben war. Sie wussten auch, wer nicht mehr zum Frühstück gekommen war, dann kam schon Frau von Haberlandt geneigten Hauptes mit flackernder Kerze herein. Mit trauriger Stimme gab sie bekannt, dass Herr Anton von Sobeck tot in seinem Sessel aufgefunden worden war. Als sie dieses gerade verkündet hatte, begehrten zwei Herren von der Kripo und ein Hauptwachmeister nachdrücklich Einlass in die Villa Auental.

Frau von Haberlandt erschrak darüber sehr, denn wer hatte schon gern die Polizei im Hause. Auch die Bewohner wurden unruhig und einige reagierten mit Schwächeanfällen. Das gesamte Personal, einschließlich Frau Doktor de Garlande, musste eingreifen, um die Gäste zu versorgen.

Die Kripobeamten stellten viele Fragen, hielten Frau von Haberlandt den Durchsuchungsbefehl vor die Nase und ein Polizeiauto brachte eine Mannschaft von vier Beamten. Die stürmten ins Haus, durchsuchten alle Büros und nahmen Akten und Laptops mit. Die Kripobeamten nahmen Frau von Haberlandt ordentlich ins Gebet. Immerhin konnte sie nicht erklären, warum gerade in monatlichen Abständen hier die Menschen starben. Nun lag darum der Verdacht nahe, dass sie vielleicht ja gestorben worden waren. Deshalb musste Frau von Haberlandt auch mit aufs Präsidium.

Die Kripo war durch Hinweise eines Bestatters auf die fünf Todesfälle in der Villa Auental aufmerksam worden. Herr von Sobecks Leiche wurde in die Gerichtsmedizin gebracht. Die anderen vier Leichen waren bereits eingeäschert worden. An denen war also nichts mehr nachweisbar und auch am verblichenen Herrn von Sobeck war nichts Ungewöhnliches zu finden. Die Kripo kam in den nächsten Tagen noch einmal in die Villa Auental, um weitere Anhaltspunkte für die unerklärlichen Monatsmorde zu finden.

Vorher waren alle Pflegekräfte, Frau Doktor und auch die Bewohner gründlich befragt worden. Das hatte aber nichts ergeben. In besonderem Verdacht, die Todesfälle inszeniert zu haben, stand Frau von Haberlandt. Man nahm sie in U-Haft, aber am nächsten Tag konnte sie wieder gehen, weil ihr nichts nachzuweisen war.

Eine Woche gingen die Ermittlungen noch weiter, wurden aber dann eingestellt, weil es keinerlei Hinweise auf Mord gab. Das Kuriosum aber war, dass in der Villa Auental niemand mehr im monatlichen Rhythmus starb. Die bangen Fragen aber blieben: Warum waren die fünf Menschen gestorben? Waren sie wirklich eines natürlichen Todes gestorben oder gab es doch einen Mörder oder eine Mörderin?

Ängstlich verließen bald darauf einige betuchte Bewohner die Villa. Das Ansehen von Auental nahm beträchtlichen Schaden, bis genug Zeit vergangen war, niemand mehr an die Monatstoten dachte, und die Suiten sich endlich wieder mit betuchten Menschen füllten.

Zwei Jahre waren inzwischen vergangen. Frau Doktor de Garlande arbeitete nicht mehr in Auental. Sie war nach München gezogen, war dort Eigentümerin einer Schönheitspraxis mitten in der nobelsten Gegend der Stadt. Zwei Assistentinnen standen ihr zur Seite. Einige betuchte Damen der Münchner Highsociety ließen sich bei Frau Doktor de Garlande Tränensäcke, Hängebacken und sonstiges hochziehen. Eigentlich war ja eine Assistentin mitunter überflüssig, weil es noch nicht genug Kundinnen gab, doch Frau Doktor hoffte auf bessere Zeiten, daher blieb die Hilfe.

Aber trotz der wenig guten Finanzlage schaffte sich Frau Doktor teure Instrumente und exklusive Sitzelemente an, kaufte sogar Bilder aus Kunstgalerien für ihre Praxisräume. Das ging munter so weiter, bis die Praxis einem Edel-Etablissement gleichkam. Eine Assistentin wunderte sich schon lange, woher Frau Doktor das viele Geld hatte. Sie beobachtete vieles, aber sie schwieg.

Eines Tages war die betagte Frau Darcy, die sich gern Lady Darcy nannte, und die beste Kundin der Frau Doktor war, in ihrer Hotelsuite überraschend verstorben. In dem folgenden Praxisjahr von Frau Doktor de Garlande segneten drei betuchte und betagte Damen der Münchener Gesellschaft das Zeitliche.

Der aufmerksamen Assistentin wurde nach einigen seltsamen Entdeckungen im Praxis-Kühlschrank endgültig klar, warum die vier Frauen gestorben waren. Sie waren wohl systematisch ermordet worden, weil Frau Doktor von Habgier besessen war! Heimlich durchsuchte sie die Behandlungsordner, konnte aber keine Hinweise finden. Bis eines Tages Frau Doktor an den Safe ging, einen Ordner herausnahm und den Tresor wieder schloss. Sie steckte ihn in ihre große Tasche, um den Ordner wohl mit nach Hause zu nehmen und verschwand im Nebenzimmer, um zu telefonieren. Diesen Moment nutzte die Assistentin und blätterte den Ordner schnell durch. Was sie darin las, ließ sie staunen: Hinter dem

Namen der letzten Verstorbenen war eine hohe Geldsumme vermerkt. Auf der nächsten Seite fand sie eine Kopie des Testaments, in dem Frau Doktor de Garlande als Alleinerbin eingesetzt war. Und so ging das weiter, denn anscheinend hatten auch die drei anderen Damen ihre Testamente zugunsten der Frau Doktor verfasst! Schnell schlug die Assistentin den Ordner zu und steckte ihn zurück in die Tasche. »Gerade so geschafft!«, stöhnte sie innerlich, als Frau Doktor zurückkam, nach der Tasche griff, einen schönen Feierabend wünschte und nach Hause fuhr. Das veranlasste die Assistentin, sofort die Kripo einzuschalten.

Vier Beamte stürmten in den frühen Morgenstunden in die Praxis, als Frau Doktor gerade an ihren Geschäftsbüchern arbeitete. Sie war total überrascht, konnte nichts mehr in Sicherheit bringen und wurde auf der Stelle verhaftet.

Im Präsidium stellte sich nach den Aussagen der Assistentin bald heraus, dass diese sich schon lange über Insulinspritzen gewundert hatte, die im Kühlschrank lagen und in der Praxis nie gebraucht wurden. Aber nach jedem Todesfall einer Patientin fehlte eine Spritze. Frau Doktor enthielt sich der Stimme und verweigerte standhaft jede Aussage.

In Bezug auf die Verdachtsmomente der Assistentin wusste der Pathologe, dass Insulin nach der Verabreichung bereits nach wenigen Stunden nicht mehr im Körper nachweisbar war. Eine hohe Dosierung in die Vene gespritzt führt zum sicheren Tod.

Und dann kamen die sagenhaften Mördereien ans Licht der vollen Wahrheit! Die Morde an Patientinnen ihrer Praxis und auch alle Morde in der Villa Auental wurden Frau Doktor de Garlande zur Last gelegt, aber beweisen konnte man ihr nichts. Denn den Ordner mit den Testamenten fand die Polizei nicht. Ihr außerordentlich gewiefter Anwalt tönte überzeugend, dass Polizei und Staatsanwaltschaft bloß Vermutungen angestellt hatten und rein gar nichts beweisen konnten. Es gab keine Zeugen!

Somit kam Frau Doktor de Garlande nach kurzer Zeit wieder in Freiheit, aber ihr Ansehen in der Münchener Nobelszene hatte natürlich erheblichen Schaden genommen. Hier konnte sie nicht mehr praktizieren, also verkaufte sie ihre Praxis mit Verlust. Mit ihrem Anwalt reiste sie danach ihrem Geld hinterher nach Venezuela, das dort auf geheimen Konten schon länger auf sie wartete.

Reichtum ist die Fähigkeit, immer abzuschöpfen. Wer dann auch noch genug Skrupellosigkeit besitzt, braucht kein Gewissen.

Mordlust zu zweit

Sanft und zärtlich massierte der Physiotherapeut Elsas Schultern. Eigentlich müsste er ja kräftig hinlangen, um ihre Verspannungen zu lösen, aber das wollte er ihr nicht antun, weil sie seine absolute Lieblingskundin war.

Elsa Bernstein war eine füllige 51jährige vermögende Witwe eines Chemie-Fabrikanten mit Villa, Penthouse und dickem Bankkonto. Diese Frau sollte die Zukunft des Physiotherapeuten sichern. Er wollte sie ehelichen, obwohl ihm das unbehaglich erschien, da keine Zuneigung zu ihr hatte. Er war bloß scharf auf ihr Vermögen. Ein großes Hindernis könnte sich ihm dabei in den Weg stellen, weil Elsa Bernstein drei erwachsene Kinder hatte.

Elsa fühlte sich geschmeichelt, weil der flotte Frido, ihr Therapeut, sich besonders um sie kümmerte, wenn sie zur Behandlung kam. Er zelebrierte das sehr gekonnt, wenn er ihr erst aus der Bluse und dann auf die Liege half. Wenn sie dann auf dem Bauch lag und er sanft ihren BH öffnete, sie berührte und streichelte, jagten ihr immer wohlig-warme Schauer über den Rücken.

Frido Castello zählte 32 Lenze. Er war Halb-Italiener. Sein Vater, den er nicht kannte, hatte damals eine Ostfriesin geschwängert und sich gleich danach aus dem Staub gemacht. Das Ergebnis dieser sehr kurzen Liason war Frido.

Frido, der eigentlich Fred hieß, hatte sich diesen Namen zugelegt, weil das so schön italienisch klang. Frido Castello, das machte doch was her! Aber leider sah er von Natur aus gar nicht italienisch aus! Darum hatte er Ärger mit seinem Aussehen, aber noch mehr Ärger, weil er zu wenig Mammon besaß. Daher musste er seine Finanzen dringend aufbessern und dazu brauchte er Elsa Bernstein. An seinem Aussehen musste er immer arbeiten, weil er leider nicht die italienischen Gene seines unbekannten Vaters geerbt hatte. In natura hatte er eine aschgraue Haarpracht, so zwischen straßenköterblond und schmuddelig, und sein Teint wies eine graue Alltagsblässe auf.

Jeden Monat ließ er sich die Haare tiefschwarz färben, lag mehrmals wöchentlich auf der Sonnenbank und trainierte drei Mal in der Woche im Sportstudio seine Muskeln. Außerdem hatte er sich sechs schneeweiße Jacketkronen geleistet und lernte ein bisschen italienisch. Das alles brauchte er dringend, um die Damenwelt als heißblütiger Italiener zu becircen. Ab und zu besuchte er auch gern die Spielbank. Deswegen hatte er auch kein Geld, aber massig Schulden bis zur Oberkante Unterlippe.

Deshalb baggerte der schöne Frido hingebungsvoll Frau Elsa an, um endlich aus seiner Schulden-Dauerkrise herauszukommen.

Die Sache mit Elsa ging auch rasant voran. Sie hatte sich in Frido verliebt, und ihren Kindern mitgeteilt, dass sie noch einmal heiraten wollte. War doch ganz klar, dass die gegen die Heirat waren. Dadurch könnten eventuell ihre Erbansprüche kleiner werden.

Frido bewaffnete sich mit einem überdimensionalen Blumenstrauß, den er auf Rechnung gekauft hatte, und ließ sich mit dem Taxi zu Elsas Villa chauffieren. Großartig trat er auf, als ihm Elsas älteste Tochter Gerlinde die Tür öffnete und ihn dabei kritisch in Augenschein nahm.

»Das also ist Mamas junger Galan!«, dachte sie und erzählte ihren Geschwistern und deren Ehepartnern von ihrem Eindruck. Alle waren sie aufgebracht und beratschlagten, wie sie diesen halben Italiener wieder loswerden könnten. Jeder sollte sich dazu einen Plan ausdenken, der auch gern fies sein durfte.

Aber Mama Elsa ließ nicht ab von ihrem Frido und die Hochzeit sollte bald gefeiert werden. Als die Kinder ihre Skepsis äußerten, wetterte sie vehement dagegen: »Ich heirate ihn! Basta!«

Der schöne Frido wurde der Ehemann von Frau Elsa Bernstein-Catello. Er hatte auf Elsas Wunsch seinen Job aufgegeben und massierte seine Gattin nun zwei Mal täglich in ihren Privaträumen. Elsa war glücklich, aber auch fordernd. Frido hatte immer in ihrer Nähe zu sein. In den ersten Wochen hielt er das noch einigermaßen aus, aber mit der Zeit wurde ihm Elsa unerträglich.

Ihre älteste Tochter Gerlinde konnte er gar nicht ausstehen und die mochte ihn ebenfalls überhaupt nicht. Sabine, die Jüngste von Elsas Nachkommen, lehnte ihn total ab, und Olaf, der Fabrikerbe, nahm ihn nicht mal ernst. Er belächelte Frido abwertend, wenn er kam, um Geschäftliches mit seiner Mutter zu besprechen. Das alles kränkte den Halb-Italiener mächtig, aber was noch schlimmer für ihn war, er kam nicht an Elsas Konto heran. Sie zahlte ihm monatlich ein ansehnliches Gehalt. Das verbrauchte er aber immer sehr schnell, bezahlte seine Spielschulden damit, pflegte sein italienisches Aussehen und seine Muskeln. Deshalb war am Ende seines Geldes immer noch zu viel vom Monat übrig.

Im Sportstudio arbeitete eine neue Trainerin, mit der er gleich ein feuriges Verhältnis begann. Ach, das tat ihm aber gut! Frido genoss die junge Haut und das wilde Temperament von Ulrika. Das hier war doch ganz was anderes als die langweiligen Akte mit Elsa, die sich einfach nur auf den Rücken legte, nach ihrem wilden Stier rief und ihn die Arbeit machen ließ.

Trainerin Ulrika war verrückt nach Frido Castello, aber sie hatte leider nichts auf dem Konto. Daher kühlte sich Fridos Leidenschaft für Ulrika sehr bald ab, auch, weil sie sich in der Öffentlichkeit gern mit ihm zeigen wollte. Und das ging ja schon mal gar nicht! Elsa durfte nichts von diesem unseligen Verhältnis erfahren!

Frido wechselte das Studio, aber Ulrika wechselte auch und folgte ihm wie ein Jünger Jesu, wohin er auch ging. Das konnte gefährlich für

Frido werden, wenn Elsa dahinterkam. Ulrika stalkte ihn bis zur Villa und das fast täglich. Sie belästigte ihn mit Telefonterror. Frido hatte mächtig Angst, dass Ulrika seiner Frau von dem Verhältnis verriet. Das durfte nicht geschehen. Seine Existenz war massiv gefährdet!

Er kam zu einem Entschluss: Ulrika musste weg! Er wusste, dass sie aus Polen kam. Er heuchelte ihr Liebe vor und sprach von möglicher Heirat, wenn er geschieden war. Also opferte er fast ein Monatsgehalt für eine Fahrt nach Polen, erklärte aber Elsa, dass er zu einer Fortbildung wollte. Bald darauf fuhr Ulrika mit ihm in ihrem alten Auto zu Besuch nach Polen, weil sie Frido dort ihren Verwandten vorstellen wollte.

Die Sonne meinte es so gut, dass ihnen heiß wurde. Ulrika wusste einen Platz an einem einsamen See. Rundherum war nur Gebüsch und grüne Weite, so weit das Auge reichte. Als sie beide am Seeufer saßen, öffnete Frido eine Weinflasche mit Drehverschluss und goss genussvoll zwei Plastikgläser halbvoll.

Was Ulrika aber nicht wissen konnte: Frido hatte den Wein mit Rattengift angereichert und zwar so mächtig, dass Ulrika nach dem Trinken wissen wollte, warum der denn so streng schmeckte.

»Och Schatz! Das ist ein junger Wein, der sein Extravolumen erst noch entfaltet, wenn du ihn noch mal trinkst! Der ist richtig gut, probier doch nochmal!« forderte Frido sie auf und küsste sie auf den Nacken. Ulrika nippte am Glas und schüttelte sich. Sie wollte den Wein nicht mehr trinken. Frido tat so, als ob er aus ihrem Glas einen Schluck nahm. Plötzlich drückte er es an ihren Mund, bog gewaltsam ihren Kopf nach hinten, setzte das Glas an ihren offenen Mund und goss den Inhalt hinein. Ulrika wehrte sich, wollte schreien, schluckte, hustete und würgte, schlug um sich und rang nach Atem. Schielend sah sie Frido an, sprang auf, zuckte irre, wand sich. Sie torkelte, weil sie alles doppelt sah, und wollte ihn heftig angehen. Er hielt sie fest, sie riss sich los und blieb heftig atmend an der Uferbefestigung stehen, weil sie sich erbrechen musste.

In diesem Moment sah Frido seine Chance: Kräftig schubste er Ulrika ins Wasser. Sie kam hoch und japste nach Luft, aber Frido drückte ihren Kopf so lange unter Wasser, bis sie schlaff wurde. Danach schubste er ungerührt ihre Leiche noch ein Mal kräftig an, damit sie in den See abdriftete.

So, die Sache mit Ulrika war erledigt, er atmete tief auf. Sie hatte doch selbst Schuld, warum hatte sie auch nicht kapiert, dass sie ihm im Wege war? Ihren Wagen schob er hinter ein Gebüsch. »Bis den einer findet«, dachte er, »kann das lange dauern in dieser Wildnis!« Er wusste, dass er einen langen Fußmarsch vor sich hatte bis zum nächsten Bahnhof, aber da musste er jetzt durch.

Elsa nahm ihn liebevoll und fordernd in Empfang, als er müde nach zwei Tagen ankam. Sie wollte gleich eine Massage und dann sollte er seine ehelichen Pflichten erfüllen. Ihn schauderte es vor dieser lebenshungrigen, alten Frau! Würde er die je wieder los? Eine Mordlust packte ihn, als er ihren Rücken massierte. Sie schrie auf, als er einmal scharf zugriff.

Für Frido wurde die Ehe mit Elsa einfach unerträglich, weil er sich eingesperrt fühlte. Einmal traute er sich was und fragte nach ihrer Konto-Geheimnummer. Elsa schüttelte lachend den Kopf: »Nein, mein Bester! Die bleibt mein Geheimnis! Du kriegst doch dein Geld! Und vergiss bloß nicht, dass du ohne mich ein Nichts wärst!«

Oh Mann, Frido war in Rage! Jeden Tag sinnierte er böse, wie und womit er die ganze Familie ins Nirvana schicken könnte. Gerlinde beobachtete ihn, schlich ihm hinterher. Seit sie vor kurzem von ihrem Mann geschieden war, der angeblich nur hinter ihrem Geld hergewesen war und seiner Geliebten ein Kind gemacht hatte, lebte sie in der Bernstein'schen Villa.

»Dieses Weib muss zuerst weg!«, beschloss Frido und zack, hatte er auch schon einen Mordsplan.

Gerlinde fuhr einen traumhaften Sportwagen, einen Alfa Romeo 4C in schwarz! Auf den war Frido scharf, aber leider sah sein Plan mit dem Auto etwas anderes vor. Weil er schon immer ein Autofreak war, verstand er etwas von der Technik. Er beobachtete nun Gerlinde, wenn sie mit dem Geschoss losfuhr und der Kies auf der Zufahrt aufwirbelte. Sie war eine rasante Fahrerin. »Das ist fein!«, dachte Frido zufrieden.

Eines Abends, als die beiden Damen mit Elsas Auto wegfuhren, war sein Moment gekommen. Er ging in die Garage, wo Gerlindes Flitzer stand. Er wusste, dass sie ihr Auto nie abschloss, so hatte er leichtes Spiel. Er setzte sich hinein, fummelte unter dem schwarzen Armaturenbrett aus Leder herum, bis er erledigt hatte, was er wollte. Bevor er ging, streichelte er ein wenig traurig über den glänzenden, schwarzen Lack des Autos: »Schade, du würdest super zu mir passen, du echter, rassiger Italiener!«

Er musste sich in Geduld fassen, bis Gerlinde eines Abends, als es schon dunkel war, das Auto aus der Garage holte und rasant davonbrauste.

Am nächsten Morgen saß er mit Elsa am Frühstückstisch ohne Gerlinde. Sie war auch mittags noch nicht da. Frido war ganz aufgeregt, was war passiert?

Als Frido Elsa abends in ihrem Büro fand, war die laut am Schluchzen: »Sie haben Gerlindes Wagen gefunden! Sie hat die scharfe Kurve nicht gekriegt. Sie soll mit hohem Tempo die Böschung runtergesaust sein! Warum fährt sie bloß immer so rasant?« Sie weinte verzweifelt. »Frido, Gerlinde ist tot!«

Frido atmete lustvoll auf: »Wunderbar, hat doch geklappt!« Er bemühte sich gleich tröstend um die traurige Elsa.

Eines Nachts, nach Erledigung seiner ehelichen Pflichten, bei deren Ausübungen er stets an Sportwagen dachte, sinnierte er weiter, wie er Olaf, Elsas Sohn samt Ehefrau, möglichst bald ins Jenseits befördern könnte. Oh, das wurde eine schwierige Sache! Er kam auf nichts Brauchbares. Tagelang zerbrach er sich seinen Kopf, las mörderische Krimis, besorgte sich frei käufliche Schlafmittel in Form von Tropfen.

Aber ihm fiel gar nichts ein, wie er die effektvoll einsetzen könnte. Es kam noch hinzu, dass Olaf und Frau nicht in der Nähe wohnten. Ihm blieb nur, bis zu Elsas Geburtstag abzuwarten. Wenn die beiden dann kamen, wollte er ihnen etwas in den Kaffee tröpfeln, das Weitere würde sich hoffentlich ergeben.

Aber Frido schien ein Glückspilz zu sein, denn ohne sein Dazutun passierte das, woran er nie gedacht hatte: Olaf und Ehefrau Helga waren auf dem Rückweg von einer Geschäftsreise mit dem Flugzeug abgestürzt. Es wurden Tote und Verletzte gemeldet. Elsa hielt Fridos Hand und wartete auf Nachricht. Die kam auch bald mit der Polizei. Olaf hatte den Absturz nicht überlebt, Frau Helga aber lag schwerverletzt in einer Klinik.

Frido triumphierte innerlich so sehr, dass er sich zusammenreißen musste. Äußerlich spielte er den Trauernden, dabei dachte er an Helga in der Klinik - hoffentlich folgte sie recht bald ihrem Manne nach! Sonst musste er dort nachhelfen.

Mit großem Pomp und Zinnober wurde Olaf feierlich unter die Erde gebracht. Alles, was in der Stadt Rang und Namen hatte, war dabei. Frido lauschte, als sich Olafs Geschäftspartner unterhielten. Er stellte sich dicht hinter die Gruppe und vernahm: »Ja, nun stellt sich die Frage, wie soll's nun ohne unseren Chef weitergehen? Die Mutter ist zwar die Eigentümerin, aber wer soll denn das gesamte Werk leiten? Bleibt nur die jüngste Tochter, die ja schon unter ihrem Vater recht gut mitgearbeitet hat. An die müssen wir uns in Zukunft wohl halten.«

Frido hatte genug gehört und kümmerte sich mehr um Elsas jüngste Tochter Sabine und ihren weit älteren, etwas gebrechlichen Ehemann. Sabine war eigentlich eine Schönheit, wenn man von ihren harten Gesichtszügen und dem sehr energischen Kinn absah. Sie war schlank mit langen roten Haaren und besaß eine tiefe, eindringliche Stimme. Sie wurde einmal Universal-Erbin!

Sabine war jetzt häufiger in der Villa anzutreffen. Frido machte Elsa den Vorschlag, Sabine mit Mann in die Villa einziehen zu lassen. Bald waren die beiden hier zuhause und Frido strich sich erleichtert über seinen intelligenten Kopf. Alles lief genau nach seinem Plan!

Zwischen Sabine und ihm entwickelte sich nach einer ganzen Weile eine Vertrautheit. Abends, wenn sich ihr Mann und Mutter Elsa rechtzeitig und sehr müde zu Bett begaben, weil Frido ihnen in ihren Nachmittags-Tee immer reichlich Schlafmittel träufelte, saßen Sabine und er noch gern bei einem Glas Rotwein zusammen. Frido wagte es, ihr schöne Komplimente zu machen, nahm ihre Hände in die seinen und himmelte sie regelrecht an.

So kam, was kommen sollte, und Frido stieg heimlich zu Sabine ins Bett. Beide beratschlagten später, Sabines alten gebrechlichen Mann geräuschlos und unauffällig aus der Welt zu schaffen. Sabine gab ihm allabendlich eine hohe Dosis Schlafmittel und ließ dafür seine so dringend gebrauchten Herztabletten einfach weg, bis er eines nachts friedvoll und für immer einschlief.

Sabine erbte sein Haus, seine beträchtlichen Aktienpakete, sein Bankkonto und seinen Geländewagen.

Mit ihrer Mutter Elsa kam Sabine überhaupt nicht klar, das war schon immer so gewesen. Die beiden lagen nun ständig im Clinch wegen geschäftlicher Angelegenheiten. Sabine wollte übernehmen, aber Elsa unbedingt die Chefin bleiben. Jeden Tag gab es Streit, wenn Sabine aus dem Büro kam. Sie sann ernsthaft nach, wie sie am besten an den Chefsessel herankommen konnte.

Elsa klagte ihrem Frido, dass sie auf unerklärliche Weise immer müde und lustlos war. »Wie ist das bloß möglich!«, jammerte sie und legte sich schon nachmittags ins Bett.

Eines Nachmittags im Winter ließ Frido, scheinbar sehr um Elsa besorgt, warmes Wasser in ihre Badewanne laufen, weil ihr so kalt war. Sie freute sich auf ein ausgiebiges Bad mit schönem Duft und ließ sich von Frido ins Bad führen. Schon länger torkelte sie mächtig. Oft musste ihr Frido bei vielen Dingen helfen. Das tat er nur zu gern, weil sein und Sabines Plan gut vorankam.

Dann kam endlich das Finale: Er half seiner Frau aus ihrem eleganten Bademantel und dann in die Wanne mit dem duftenden Badeschaum. Wohlig streckte sie sich aus. Frido holte zwei Gläser, halb gefüllt mit Whiskey, Elsas stark verdünnt mit ordentlich Schlafmittel, und stieß sanft mit ihr an. Dann schob er eine CD mit klassischer Musik in den Player, die sie gern hörte, nahm sein Glas und ließ Elsa allein, als sie schon träge aus den halb geschlossenen Augen blickte.

Nach einer ganzen Weile sah er wieder nach ihr. Sie reagierte nicht, als er sie beim Namen rief. Sie atmete nur noch ganz flach, aber nicht mehr lange, weil Frido nun sanft ihren Kopf minutenlang unter das Badewasser drückte.

Elsas Beerdigung war Geschichte und Sabine endlich die alleinige Herrin über Fabrik, Villa, Penthouse und alle Bankkonten. Schwägerin Helga hatte schon vor Wochen das Zeitliche gesegnet, nachdem ihr Sabine einen Besuch im Krankenhaus abgestattet hatte.

Frido bedrängte Sabine schon kurz nach der Beerdigung, ihn möglichst bald zu heiraten, aber sie hatte Bedenken wegen der Trauerzeit. Die wollte sie unbedingt abwarten.

Überglücklich flogen Sabine und Frido endlich in den wohlverdienten Urlaub auf die Galapagos-Inseln. Dieses Ziel hatte Sabine ausgesucht, weil es weitab von Tourismus und Trubel lag. Ruhe und Erholung waren angesagt.

Abends aßen sie in ihrem romantischen Feriendomizil und tranken dazu schweren Wein. Beide waren leicht beschwipst. Gleich zu Beginn des Urlaubs hatte Sabine ein Motorboot gechartert, das am Strand lag. Damit wollte sie nach dem Essen unbedingt noch ein bisschen herumschippern, weil das Meer so herrlich lockte, und der Mond als goldene, große Sichel am Nachthimmel hing. Frido gab sich geschlagen und tat ihr den Gefallen, obwohl er lieber mit ihr im Bett liegen wollte.

Als sie schon ziemlich weit draußen auf dem ruhigen Meer waren, holte Sabine mit zauberhaftem Lächeln eine kleine Weinflasche hervor und goss ein Glas halbvoll. Sie wies auf die traumhafte Mondnacht hin und gab ihm das Glas in die Hand. Frido war ganz verzückt von seiner Sabine: »Ach Schatz! Das Leben mit dir wird herrlich!«, rief er und dachte an das viele Geld, das bald auch seines sein würde. Er setzte das Glas euphorisch an den Mund und nahm einen kräftigen Schluck und dann noch einen. Dann stutzte er, weil er einen bitteren, beißenden Geschmack auf der Zunge spürte. Er schüttelte sich und betrachtete misstrauisch das Glas und dann Sabine.

Sabine beobachtete ihn mit kühlen Blicken. Ihm wurde plötzlich speiübel und schwindelig, sein Magen krampfte schrecklich.

»Mein Gott nochmal!«, schoss ihm eine furchtbare Erkenntnis durch den Kopf. »Sabine hat mich vergiftet! So ein Aas!« Er konnte es kaum fassen, sie wollte ihn umbringen!

»Teufel nochmal, Sabine, was hast du mir bloß angetan? Bring mich sofort ins Krankenhaus! Hilf mir doch!« Er röchelte und Angst schnürte ihm den Hals zu. Sie rief ihm höhnisch zu: »Mein Schatz, hast du wirklich geglaubt, dass ich dich will? Du warst doch nur Mittel zum Zweck!

Ich brauche dich nicht mehr, ich habe nun alles, was ich wollte! Du hast genug Rattengift intus, das reicht für deine Himmelfahrt!«

Frido richtete sich mühsam auf und wollte auf sie losgehen. Sie bückte sich schnell zur Seite weg, er schwankte mächtig und stürzte kopfüber in das romantische, dunkle Meer. Er tauchte noch einmal auf, als sie den Motor startete. Sie machte eine Kehrtwende, gab Gas und brauste ab. Noch einmal sah sie sich um, er war nicht mehr zu sehen. Sie lachte laut und rief in den lauen Fahrtwind: »Beide zusammen haben wir unsere Ziele erreicht! Aber mein größtes Ziel war, dich loszuwerden, du Mordskerl!«

Nachtkampf im Schlafzimmer

Es war kurz nach Mitternacht. Luise und Klaus Sonders waren gerade auf dem Weg in den Tiefschlaf, als es im Haus knisterte und knackte. Durch diese Geräusche erwachte Luise plötzlich. Sie riss die Augen auf und sah ängstlich zum dunklen, halboffenen Fenster hin. Der Nachtwind blähte gerade die Gardinen auf, der Mond zeigte sich bleich am Himmel, bevor sich eine schwarze Wolke davorschob. Dann war es auf einmal nachtschwarz und unheimlich. Ein heiserer Eulenschrei ließ Luise kalt zusammenschrecken. Dann war es totenstill!

Luises Blutdruck stieg rekordverdächtig in die Höhe, dass ihr Puls in den Ohren zu klopfen begann.

Sie zog schnell die Bettdecke bis an das Kinn hoch. Ein lautes Poltern ließ sie zusammenschrecken. Sie rüttelte in Panik ihren Klaus wach, der leise vor sich hin schnarchte. Der erschrak sich sehr, wollte wissen, was denn los sei. Luise zog ihn zu sich heran und flüsterte: »Mach bloß kein Licht an! Da hat eben was geraschelt und gepoltert. Steh auf und sieh nach, was das ist!«

»Da ist nix! Du Bangbüx hast nur schlecht geträumt«, nuschelte er, wollte sich umdrehen und weiter schlafen. Luise zog ihn heftig am Ärmel des Schlafanzuges. »Hörst du das nicht? Auf der Treppe bewegt sich was, da schleicht einer hoch! Der ist gleich hier!« Sie schlotterte vor Angst. »Klaus, tu endlich was!«

»Immer ich! Da ist doch nix! Ich hör nix!«, brummelte Klaus unwillig.

Gerade in diesem Moment schlurfte jemand deutlich in Richtung Treppe, ließ ein heiseres Stöhnen vernehmen. Da kam deutlich jemand in die Nähe der Ehebetten! Nun schoss Klaus aber hoch, saß aufrecht in Lauerstellung. Wirre und ängstliche Gedanken schossen ihm durch den Kopf, plötzliche Lähmung machte ich in ihm breit, er konnte nicht einmal mehr zum Lichtschalter greifen. Sein sonstiger Mut, sein Kampfgeist, wo waren die denn plötzlich hin? Hatten die sich verflüchtigt, weil vielleicht gerade der Tod am Bettende stand?

Er atmete schwer, das Herz polterte wild in seiner Brust. Er lauschte in die Finsternis, aber es blieb totenstill. Ihm gruselte, aber er musste jetzt etwas tun, um zu überleben! Er sprang mit einem olympiareifen Satz aus dem Bett und tapste mit vorgestreckten Armen in Richtung Tür.

Ein lautes Poltern ließ ihn vor Schreck zurückweichen. Er stolperte heftig, dabei riss ihm das lasche Gummi in seiner längsgestreiften langen Pyjamahose und die Nachtbux rutschte ihm bis in die Kniekehlen. Dieses ungewohnte Gefühl erschreckte ihn dermaßen, dass er sich um sich selbst drehte wie ein Brummkreisel. Dabei verspürte er an seinem nackten Hintern etwas Kaltes, das ihn von hinten anzugreifen drohte. Mit einem gewaltigen Ruck warf er sich herum, holte mit seinem rechten Arm ordentlich aus, und donnerte die geballte Faust auf etwas Hartes, dass es nur so klirrte. Danach fühlte sich seine Kampfhand ganz warm an. Er tapste mutig weiter, fühlte an den nackten Beinen etwas Struppiges, stolperte darüber hinweg, schlug dabei mit dem Kopf auf etwas Kantiges und stürzte lang hin. Sekundenlang blieb er liegen, halb betäubt von dem Rumms an seinem Kopf, aber dann war er mutig genug, um sich stöhnend wieder aufzurichten.

Aber wo war denn nun bloß die richtige Richtung, um das nächtliche Ungeheuer zu erledigen? Er hatte vollends die Orientierung verloren. Er griff um sich und kriegte dabei die Kommode zu fassen, die dicht hinter der offenen Kammertür zur Treppe stand. Nun wusste er, wo er sich befand. Inzwischen tropfte es ihm unangenehm warm von der Stirn über die Augen, war das Blut oder Schweiß? Das steigerte seine Wut über das Ungeheuer im Schlafzimmer ins Unermessliche. Nun erst recht auf in den Kampf!

Mutig tapste er wieder in Richtung Bett. Mannhaft baute er sich auf, beide Arme nach vorn gerichtet und beide Fäuste zum Todesschlag geballt. Vorsichtig setzte er seine Füße voran, den ganzen Körper voller Adrenalin, und schlich sich gekonnt an das Ehebett heran. Sein Atem ging schwer und der Schweiß lief ihm in Strömen den Rücken herunter und perlte sacht am nackten Hintern herunter.

Da! Wieder ein Scharren, als wenn jemand weglaufen wollte!

»Na warte!«, schrie Klaus laut: »Komm her du Hund! Ich mach dich fertig! Auch im Dunkeln!« Leise hörte er Luise unter ihrer Bettdecke wimmern. Die musste er jetzt beschützen und sich heldenhaft wehren, jetzt und auf der Stelle!

Mit einem mächtigen Satz hob er ab und sprang in Richtung Ehebett, landete dabei auf etwas Warmem, stolperte nach vorn, hielt sich noch so eben in Balance, trat zurück, als er von Hinten etwas quietschen hörte und lautes Hecheln vernahm. Fast gleichzeitig spürte er einen heftigen Schmerz an seiner nackten Kehrseite. Die Knie knickten ihm einfach so weg und er schlug noch einmal mit dem Kopf auf die Bettkantef. Danach erfuhr er schmerzhaft endlich mal die Richtung, wo genau er sich nun befand. In der Dunkelheit grabbelte er an der Wand entlang nach dem Lichtschalter, drückte mannhaft zu und endlich flammte es hell auf.

Staunend sah er sich um – überall waren Blut- und Kampfspuren! Und wo war das Nachtungeheuer? Hatte er es in die Flucht geschlagen? So was! Ihm wurde schwindelig. Der Kopf tat ihm weh, die rechte Hand blutete und als er sich auf die Bettkante setzen wollte, stieß er einen lautenTarzan-Schrei aus. Erstaunt sah er an sich herunter. Der Anblick war nicht schön! Die Pyjamajacke reichte gerade bis an den Bauchnabel, von da an stand er völlig im Freien! Sein wichtiges Körperteilchen baumelte deprimiert und völlig lustlos vor sich hin. Instinktiv hielt er die linke, unverletzte Hand davor und inspizierte mit geschwollenen Augen sein verwüstetes Umfeld. Unter ihrer Bettdecke verbuddelt winselte Luise immer noch um ihr Leben, aber das Allertollste offenbarte sich dem Klaus nun: Das vermeintliche Nachtgespenst lag zitternd am Fußende von Luises Bettdecke! Es war Hasso, der große zottelige Familienhund!

Das war einfach nicht zu fassen, was der angerichtet hatte! Der schlief nachts immer im Flur in seinem Hundebett. Aber als er die offene Kammertür witterte, hatte er sich hoch geschlichen, um sich heimlich auf das Ehebett zu verkrümeln, was ihm streng verboten war.

Klaus' Adrenalinspiegel sackte mächtig ab, fast schämte er sich dafür, dass er sich wie eine Kampfmaschine gegen seinen Hund aufgeführt hatte. Hätte er doch bloß Licht angemacht! Aber Luise wollte das ja nicht. Eigentlich war sie die Schuldige an der nächtlichen Gespensterjagd, jawohl doch! Aber sie hatte es sich lieber unter ihrer warmen Bettdecke gemütlich gemacht, während er hier allein im Dunkeln gegen vermeintliche Einbrecher oder Ungeheuer kämpfen musste!

Alles tat ihm mächtig weh, er ging zum großen Spiegel, um zu betrachten, was von ihm nach der Schlacht noch übrig geblieben war. Ach, du liebe Güte! Den hatte er mit seiner Faust im Eifer des Gefechtes kaputtgeschlagen! Er drehte sich um, damit er sich wenigstens in den wenigen Spiegelresten hinten begucken konnte. Und oh weiahh! An der rechten Hinterbacke klaffte eine kleine Bisswunde.

Klaus folgerte daraus ganz klar, dass ihm sein eigener Hund, als er im Dunkeln auf ihn getreten war, vor Schreck in den Hintern gebissen hatte. Klaus konnte ihm nicht mal böse sein, denn Hasso hatte ja nur aus Notwehr gehandelt.

Aus der Anstalt

Hedi und Oskar waren schon lange Patienten in einer Nervenheilanstalt. Mit der Zeit hatten sie sich angefreundet und gingen oft unter Aufsicht miteinander spazieren. Beide waren aber geistig mächtig angeschlagen. Hedi war vor vielen Jahren bei Rot über die Ampel gelatscht und Oskar war betrunken vom Balkon gefallen. Dabei hatten ihre Köpfe mächtig Schaden genommen.

Hedi sagte meistens in den Therapiestunden diesen Satz: »Kopf hoch, Irre sind menschlich!« Ihren Humor hatte sie wenigstens behalten.

Eines schönen Tages im Mai gingen Hedi und Oskar wieder unter Aufsicht spazieren, weil das so angeordnet war. Die Leitung der Anstalt wollte immer auf der sicheren Seite sein, weil die Patienten eskalieren könnten, was immer mal wieder passierte.

Hedi und Oskar kamen gerade an einem umzäunten Pool vorbei. Oskar blieb stehen, schielte Hedi grinsend von der Seite an, klatschte in die Hände, jumpte über den Zaun und sprang in voller Montur in den Pool. Sofort sackte er wie ein Stein nach unten und tauchte auch nicht wieder auf.

Hedi überlegte nicht lange, kletterte über den Zaun, hielt sich die Nase zu und sprang entschlossen hinter Oskar her, um ihn zu retten. Sie tauchte ab, was sehr schwierig war mit ihren Kleidern, sie ruderte mächtig mit Armen und Beinen hin und her und brachte das Wasser ordentlich in Bewegung.

Dann tauchte sie ganz unter, kam bald wieder hoch, legte sich auf den Rücken und zog den schlappen Oskar an seinen Ohren an den Beckenrand. Dort stand schon aufgeregt die Aufsicht in Form eines Pflegers, der das Paar sofort an Land zog.

Er schimpfte wie ein Rohrspatz, weil die beiden so einen sinnlosen Quatsch gemacht hatten. Hedi aber warf sich dem am Boden liegenden

Oskar mit voller Wucht, immerhin 87 Kilo, auf die Brust und wippte immer auf nieder, bis dem Oskar Wasser aus dem Mund lief und er stöhnend die Augen aufschlug. Hedi jubelte laut auf und knutschte ihn ab, was das Zeug hielt. Oskar stand auf, schwankte und griff sich an die Brust. Wohl, um zu prüfen, ob er noch heile Rippen hatte.

Der Pfleger besah sich die beiden, half ihnen über den Zaun und begleitete sie zur Anstalt zurück. Dort kamen die beiden allein zurecht, ab hier wurde er nicht mehr gebraucht. Oskar war wieder am Leben und Hedi kümmerte sich liebevoll um ihn.

Als der Anstaltsleiter von dieser heldinnenhaften Rettung erfuhr, beantragte er Hedis baldige Entlassung. Er vertrat die Meinung, dass sie geistig stabil und einigermaßen zurechnungsfähig war. Ein Mensch, der so überlegt handelte, wie Hedi es getan hatte, konnte doch klar denken.

Bald klopfte er an Hedis Tür, um ihr die gute Neuigkeit überbringen. Bevor er aber etwas sagen konnte, sprang Hedi hoch, griff nach seiner Hand, sah ihn mitleidig an und brabbelte los:

»Onkel, bist du böse? Bist du wieder ge-ge-schtresst? Du, dann umarm doch mal einen Baum. 1.000 Koalas können sich nicht irren!«

Der Anstaltsleiter dachte: »Die Welt ist ein Irrenhaus, aber hier scheint doch gerade die Zentrale zu sein!«

Er setzte sich hin und sprach laut zu Hedi: »Hedi, hör zu! Ich habe eine gute und eine schlechte Nachricht für dich! Die gute Nachricht ist, dass du hier bald entlassen wirst, weil du jetzt gesund bist! Weil du nämlich fähig warst, einen Menschen zu retten. Darum denke ich, dass du nun deine mentale Funktion wieder zurück hast und dein Leben selbst gestalten kannst. Die schlechte Nachricht ist aber leider, dass dein Freund Oskar sich kurz nach seiner Rettung im Badezimmer mit dem Gürtel aus seiner Hose erhängt hat. Das tut mir sehr leid, dass der Oskar tot ist.«

Hedi sah ihn kurz an, schüttelte ihren Kopf und rief: »Nein! Der hat sich doch nicht umgebracht! Ich hab' ihn im Badezimmer bloß zum Trocknen aufgehängt!«

Verenas Geheimnis

Zufrieden in sich hinein lächelnd ließ Verena das Wasser aus ihrer Gießkanne unter den imposanten Haselnussstrauch rieseln. Sie liebte diesen Strauch und goss ihn jeden Tag. Dann harkte sie das Wasser liebevoll ein, besah sich zufrieden ihr Werk und dachte zurück, was vor sieben Jahren hier passiert war. Sie streichelte über die Blätter, weil der Strauch ihr Geheimnis sicher bewahrte.

Seit Verena und Michael vor vierzehn Jahren geheirateten, hatte sie Schlimmes auszustehen gehabt. Michael war Landwirt, hatte nach ihrer Heirat den großen Hof von seinen Eltern überschrieben bekommen, dafür hatten die Eltern Wohnrecht auf Lebenszeit. Leider war Verenas Schwiegermutter so krank, dass sie die meiste Zeit im Bett verbringen musste. Der Doktor ging bei ihnen ein und aus. Verena wollte damals gern eine Pflegerin einstellen, weil sie allein das alles nicht mehr schaffte. Sie hatte einen Hofladen eingerichtet, den sie bedienen musste. Das kostete jede Menge Arbeit, doch der brachte immer gute Nebeneinnahmen.

Jeden Tag bediente Verena viele Kunden, weil sie fast alles Essbare in ihrem Laden hatte. Sogar selbstgemachte Marmelade war im Angebot, die ihr die Kunden förmlich aus den Händen rissen.

Sie versorgte 50 Hühner, Enten und Gänse, hielt das Haus sauber und kochte täglich für alle. Michael hatte in der Erntezeit immer landwirtschaftliche Helfer angestellt.

Aber damals schaffte sie die zusätzliche Pflege der Schwiegermutter einfach nicht mehr, weil ihr alles über den Kopf wuchs.

Sie setzte sich mit dem Schwiegervater zusammen mit der Bitte, dass er eine Pflegerin einstellte, die auch bei ihnen wohnen sollte. Er aber wehrte gleich lautstark ab: »So was kommt mir nicht ins Haus! Hier laufen schon genug Leute herum! Du könntest das doch gut weiter machen, aber ihr beiden kriegt den Hals ja nicht voll. Warum muss

Michael einen großen Stall für 80 Kühe bauen? 20 haben doch immer gelangt! Und dann klagst du über zu viel Arbeit?«

»Vater, die Zeiten haben sich sehr geändert! Von 20 Kühen können wir heute nicht mehr existieren.«

Er lachte höhnisch: »Weil ihr nicht wirtschaften könnt, ihr Besserwisser!«

»Vater!«, versuchte es Verena noch einmal. »Mutter kriegt doch Pflegegeld, davon könnt ihr ganz sicher eine Hilfe bezahlen!« Er sprang vom Stuhl hoch, schimpfte laut und verschwand böse in seine Altenteiler-Wohnung.

Schließlich stellte Michael eine nette Pflegerin ein und gab ihr ein Zimmer. Das traurige Ende vom Lied war, dass der Schwiegervater die Dame stets schikanierte, wenn sie seine kranke Frau versorgte. Eines frühen Morgens, als die Pflegerin sich um die kranke Altbäuerin kümmern wollte, rang die fürchterlich nach Atem und zitterte am ganzen Körper. Als sie wieder zu sich kam, brach es aus ihr heraus: »Ich muss hier weg! Er hat mich beschimpft, ich sei alt, krank und unnütz auf der Welt. Und dann hat er mir ein Kissen auf das Gesicht gedrückt!«

Danach holte Verena die Schwiegermutter gleich zu sich in die Wohnung.

Als die Pflegerin einmal im Garten war, griff der bösartige Schwiegervater sie unsittlich an und bedrängte sie. Danach kam ein polnischer Pfleger ins Haus, den der Schwiegervater nach kurzer Zeit von hinten angriff und ihm ein Brett über den Rücken schlug. Der Pfleger verprügelte ihn anschließend.

Von dem Zeitpunkt an kam der eigentlich noch rüstige Schwiegervater kaum noch nach draußen, obwohl er vorher noch ab und zu auf dem Hof geholfen hatte.

Michael brachte viel Geduld auf, um ihm zu erklären, warum die Arbeiten heute anders gemacht wurden als früher. Aber nachdem sein

Vater im Zorn eine Kuh halbtot geschlagen und einen kleinen Trecker gegen die Wand gefahren hatte, meinte Michael in Güte zu ihm, es wäre besser, wenn er den Hof verlassen würde. Er hatte mit Schrecken erkannt, dass sein Vater bösartig geworden war. Der war schon früher oft jähzornig gewesen, wenn etwas nicht nach seiner Nase lief. War er ernsthaft krank geworden?

Mit der Zeit wurde der Schwiegervater immer gemeiner zu Verena, wenn sie im Garten Gemüse für den Hofladen erntete. Er beleidigte sie als Schlampe, die es nur auf den Hof abgesehen hatte. Aber sie beachtete ihn nicht weiter, sie war so glücklich, dass sie endlich schwanger war. In fünf Monaten sollte das Kind kommen.

Sie war gerade in der Scheune, um Heu für die Kälber zu holen, als sie plötzlich von hinten angegriffen und umgestoßen wurde. Hämisches Lachen war zu hören und der bösartige Schwiegervater rief: »Kannst ruhig deinen Kerl rufen, der ist auf dem Feld. Musst mit mir vorlieb nehmen!«

Und dann passierte das Schreckliche: Er vergewaltigte Verena so brutal, dass sie danach stark blutete. Sie schleppte sich ins Haus und rief den Krankenwagen. Als sie im Krankenhaus wieder zu sich kam, teilte ihr der Arzt mit, dass sie leider ihr Kind verloren hatte.

Sie war unendlich traurig, rasend und wütend zugleich. Michael hatte den Vater von der Polizei verhaften lassen. Nach der Gerichtsverhandlung kam er nur ein Jahr in Haft. Als er danach wieder nach Hause zurück kam, starb die Schwiegermutter wohl vor Angst.

Er packte ein paar Sachen, weil er weg wollte. Hier hatte er keine Freunde mehr, alle mieden ihn. Abends wollte er noch einmal in die Kneipe und sich betrinken, bevor er endgültig wegging.

Im Dunkeln torkelte er auf den Hof, direkt auf Verena zu, die gerade die Gartenpforte schließen wollte. Sie erschrak sehr, als er sie zurückdrängte zu den kleinen Büschen, die Verena vor kurzem gepflanzt hatte.

Er grinste hinterhältig, roch stark nach Alkohol: »Bevor ich hier abhaue, schlag ich dich tot, du Schlampe!« Die Alkoholfahne wehte widerlich in Verenas Gesicht. In ihrer Not griff sie hinter sich und bekam den Spaten zu fassen, der am Zaun stand. Der Schwiegervater griff sie hart an und legte seine Hände wie Eisenklammern um ihren Hals. Verena keuchte und stieß ihm mit aller Kraft ihr Knie in den Bauch. Er jaulte auf, ließ sie los und krümmte sich. Dann wollte er gleich wieder auf sie los. Sie holte verzweifelt mit dem Spaten aus und traf ihn am Kopf. »Doiiing!«, klang es metallisch, als er zusammensackte.

»Du Teufel sollst sterben!«, schrie sie außer sich und hieb auf ihn ein, bis er sich nicht mehr rührte.

Verena sank nieder, beruhigte sich ein wenig, bis sie wieder zu Atem kam. Im Mondlicht sah sie ihn regungslos liegen. Ein Glücksgefühl überkam sie, endlich war er nicht mehr! Er hatte so viel Unheil angerichtet, dass er wirklich den Tod verdient hatte. Aber was sollte mit ihm geschehen?

Dann handelte Verena wie in Trance, sie nahm den Spaten, grub den kleinen Haselnuss-Strauch wieder aus, den sie kürzlich gepflanzt hatte, und arbeitete unter viel Mühe und Schweiß ein großes tiefes Loch aus. Der Mond beschien diese Szene gerade so, dass Verena einigermaßen sehen konnte. Dann zog sie unter Stöhnen den schweren Körper des verhassten Schwiegervaters an das Loch heran und stieß ihn kopfüber in die Tiefe.

Schwer atmend sagte sie in das Grab hinein wie ein Gebet: »Gott sei es gedankt, dass du nun endlich tot bist! Du warst ein fürchterlicher Mensch! Hoffentlich findest du da unten Ruhe!«

Dann schaufelte sie Erde über ihn und trat sie fest, bis das Grab dicht war. Anschließend nahm sie den kleinen Haselnuss-Strauch und pflanzte ihn liebevoll darauf. »Du sollst wachsen und gedeihen. Du hast den besten Dünger unter dir. Wir beide, mein kleiner Freund, bewahren von nun an ein großes Geheimnis!«

Die Suche nach dem Schwiegervater wurde nach einiger Zeit eingestellt, und eine herrliche Ruhe kehrte auf dem Hof von Michael und Verena ein.

Jeden Abend ging Verena zu ihrem inzwischen großen Freund, dem Haselnuss-Strauch, um ihn zu gießen. Seit Jahren konnte sie schon seine Haselnüsse ernten. Zärtlich streichelte sie seine Zweige mit den üppigen Blättern und drückte ihr Gesicht hinein. »Mein Freund, mein schweigsamer Freund, ich danke dir. Du bewahrst für immer unser Geheimnis!«

Wer weiß, wer weiß ...

»Was ist denn bloß bei Schindlers im Laden los?«, rief eine Nachbarin laut über die Straße einer anderen zu: »Ist ja gräsig! Jeden Morgen hört man von dort lautes Geschimpfe. Das schreckt doch die Kunden ab! Also weißte, ich mag da bald nicht mehr hingehen, wenn Mechthilde hinter dem Tresen steht. Sie guckt immer so vergrellt!«

Es war wirklich so, dass das Ehepaar Schindler sich schon lange nicht mehr einig war. Mechthilde Schindler wollte immer über alles bestimmen, was das Geschäftliche anging. Schließlich hatte sie vor 26 Jahren, als sie Heribert Schindler, den jungen Schlachtermeister heiratete, viel Geld mit in die Ehe gebracht. Das wurde dann gleich in den Umbau zu einem modernen Laden gesteckt. Auch die große Wurstküche hinter dem Laden wurde mit modernen Gerätschaften ausgerüstet. Heribert und Mechthilde erweiterten die Fleischerei und brachten sie stetig voran. Er machte die beste Wurst in der Stadt und das Fleisch war immer frisch. Zufriedene Kunden gab es mehr als genug.

Mechthilde hinter dem Tresen hatte so viel zu tun, dass sie eine Verkäuferin einstellte. Die junge Frau stellte sich sofort auf den Betrieb ein und war auch bald unentbehrlich.

Bloß mit Chefin Mechthilde Schindler, einer wahrhaftigen Walküre mit gewaltigem Busen und Armen wie ein Preisboxer, kam sie nicht klar.

Wenn die Chefin die wuchtigen Arme in die ausladenden Hüften stemmte, und dann stimmgewaltig ihren Mann und Christine jeden Morgen zum Rapport bestellte, den beiden lauthals Fehler vorhielt und dann noch befahl, was den Tag über zu tun sei, duckten sich Heribert und Christine schnell weg, um bloß den Krach zu beenden.

Wenn Heribert, ein stattlicher Mann mit viel Armkraft und einem Bauch ausgestattet, bloß den Mund aufmachte, kreischte Mechthilde ihn regelrecht zusammen. Dann machte er sich schleunigst nach hinten in die Wurstküche.

»Nein, nein!«, dachte er oft, »das ist doch keine Ehe mehr! Mechthilde ist doch kopfkrank! Alles geschieht nur nach ihrem Willen, ob das richtig oder falsch ist. Sie macht, was sie will, und ich soll tun, was sie sagt! Um Geld muss ich bitten, weil sie sogar die Kontogewalt über mein Privatkonto hat.

Was bin ich eigentlich für sie? Ihr Dussel, oder was?«

Am nächsten Morgen nach Mechthildes üblichen Schimpfkanonade, wagte er es, ihr einen Vorschlag zu machen. Sie sollte sich unbedingt zu einem Psychiater überweisen lassen, weil er diesen Zustand nicht mehr ertragen konnte. Aber Hallo, dann ging aber ein Geschrei los und wenn sich Heribert nicht sofort davon gemacht hätte, hätte er kräftigen Nachschlag wegen seines Vorschlages bekommen.

Heribert stand in der Wurstküche und betrachtete sein Schlachtergeschirr. Vieles davon brauchte er nicht mehr, weil er nicht mehr selbst schlachtete. Er ließ sich Schweinehälften und Rinderviertel liefern, und die verarbeitete er hier. Bedächtig wog er die kurze scharfe Axt in seiner Hand und dachte dabei an Mechthilde. Wie viele Gespräche hatte er mit ihr führen wollen, um mit ihr im Guten auszukommen, aber bei jedem Versuch explodierte sie regelrecht, und und immer musste er in Deckung gehen, um ihren Handgreiflichkeiten auszuweichen.

Immer öfter kamen ihre Attacken, wenn ihr etwas nicht passte. Sie rastete sogar im Verkaufsladen in Anwesenheit von Kunden aus. Wenn Heribert beruhigend eingreifen wollte, griff sie auch schon mal nach der großen Fleischgabel. Sogar ein Fleischermesser warf sie einmal nach ihm, das ihn am Arm traf.

Auch Christine hatte Angst vor ihr, konnte sie nicht mehr ertragen und kündigte schließlich. Mechthilde war auch eifersüchtig auf die hübsche, fleißige Frau, die sich gut mit Heribert verstand. Erst neulich hatte

Mechthilde die beiden in der Wurstküche beobachtet, als sie miteinander so vertraut redeten und lachten.

Die Kunden ließen sich lieber von Christine bedienen als von der Chefin. Das aber vertrug Mechthilde gar nicht gut, sie fühlte sich doch viel geschäftstüchtiger als die kleine Christine. Sie als Chefin stellte immer diese Frage an die Kunden: »Darfs denn ein Tippelchen mehr sein?« Die meisten Kunden nickten bloß. Ja, nur so kann man gute Geschäfte machen! Jedes Gramm mehr brachte zusätzlich Geld. Ja, nur sie, Mechthilde, hatte die Macht über Laden, Kunden und Heribert, und das sollte gefälligst auch so bleiben. Dafür würde sie aber sorgen, ihr machte doch keiner was vor!

Aber Heribert in der Wurstküche machte sich ernsthafte Gedanken um seine Ehe, die ja schon lange keine mehr war. Erstens ließ sie ihn schon lange nicht mehr an sich ran, und zweitens hatte er dazu auch keine Lust mehr. Wenn er sich seine mächtige Ehefrau und Tyrannin anguckte, sackte seine ohnehin schon kümmerliche Lust mächtig unterm Nullpunkt. Am liebsten wollte er Mechthilde loswerden, lieber heute als morgen. So schnell wurde man nicht geschieden. Als Mann hatte er doch sicher ein Recht auf eine liebe Frau. Darum wollte er eine Scheidung und die wollte er schnellstens von Mechthilde einfordern. Dass er dabei den kürzeren zog, war ihm klar. Aber seinetwegen sollte sie alles behalten und ihn ausbezahlen. Er bekam sicher anderswo Arbeit. Er wollte nur frei sein!

Am nächsten Morgen, noch vor Mechthildes Eruptionen, baute er sich großmächtig vor ihr auf und verlangte nachdrücklich die Scheidung. Sie lief puterrot an, saugte mit geblähten Nüstern tief Luft ein, und schnaubte dann los wie ein Ochse: »Waas willst du? Sag das noch einmal!«

Das tat er sogleich. Sie bebte mächtig, der ganze Körper geriet in Wallung, sie griff hinter sich nach der Fleischgabel, nahm Anlauf und wollte ihm die in den Bauch rammen. Er sprang zur Seite weg, sie stürzte gegen die Wand, verlor das Gleichgewicht und klabasterte lang hin.

Christine kam gerade in die Ladentür, bekam das Mordstheater hautnah mit, drehte sich schockiert um und lief schnell hinaus.

Heribert beruhigte sich draußen, aber schon hörte er Mechthilde rufen. Sie kam allein nicht mehr auf die Beine und er schaffte sie nicht, weil sie einfach zu schwer war. Er rief seinen Freund Klaus, den Wirt vom Ochsenkrug an, der sofort kam. Erst einmal besah der sich das Malheur. Gemeinsam hievten sie unter großen Anstrengungen das teuflische Weib wieder hoch. Sie jammerte, hatte Schmerzen im Rücken und im linken Arm.

Die beiden Männer gingen gleich nach hinten in die Wurstküche. Heribert berichtete seinem Kumpel über das Vorgefallene. Aber Klaus wusste schon lange über Heriberts Drachen Bescheid. »Sie hätte sich man gleich tot fallen sollen, dann wäre dein Drama beendet gewesen«, meinte er und Heribert nickte dazu.

Heriberts Arbeit rief ihn aber gleich wieder. Er fing an, seine von den Kunden so begehrten Würstchen herzustellen. Dazu wurde Fleisch und viel Speck in den großen Mixer geschüttet und so lange gemixt, bis ein rosig-grauer Brei entstand. Allerhand raffinierte Gewürze kamen dazu. Dann wurde die Fleischmassen ochmals gerührt und mit Hilfe einer Wurstmaschine in lange Därme gepresst. Sein Freund Klaus, der dabei neugierig zusah, zog die Nase etwas hoch. »Du, das hier riecht aber nicht so gut. Bei mir in der Kneipe, da riecht's entschieden besser, nämlich nach Bier und Korn!«

Fasziniert sah er zu, wie Heribert geschickt mit flinken Bewegungen viele Würstchen fabrizierte.

Nach zwei Wochen Waffenstillstand zwischen dem Ehepaar Schindler brach Mechthildes Streitlust wieder aus. Sie stand nun wieder hinter dem Tresen, weil die Schmerzen des Sturzes langsam abgeklungen waren, nachdem der Doktor ihr etwas dagegen gegeben hatte. Wenn Heribert ihr manchmal im Verkauf helfen wollte, duldete sie das nicht, obwohl die Kunden warten mussten. Er sollte sofort nach hinten gehen und Würstchen machen, weil die Vorräte immer schnell verkauft waren. Die Walküre jagte ihn hin und her, bis Heribert völlig ausrastete und schlimmste Mordsgedanken bekam.

Bald wunderten sich Nachbarn und Kunden über die Ruhe im Schindler'schen Laden. Das war doch nicht normal!

Die Kunden kamen wie immer, wurden nett und freundlich von Christine bedient, die wieder da war. Man wurde gewahr, dass Frau Mechthilde sehr krank war, und deshalb in psychotherapeutische Obhut genommen wurde. Weit weg von zuhause.

»Das kann ewig dauern, bis sie wieder zurechnungsfähig ist«, teilte Heribert jedem mit, der nach ihr fragte.

Schwungvoll machte er seine Würste, packte Fleisch ab, und zählte abends die Einnahmen. Ihm machte das Leben wieder richtig Spaß. Seine Würstchen schmeckten viel besser als früher, die Kunden kauften sie ihm unter den Händen weg.

Sein Konkurrent, Schlachtermeister Weters, kam Heribert eines Tages besuchen, weil ihm die Kunden wegliefen, um bei bei Schindler einzukaufen.

Er wollte Ursachenforschung machen und sah Heribert bei der Würstchen-Herstellung kritisch zu. Warum kauften seine ehemaligen Kunden bloß noch beim Konkurrenten Schindler ein? Waren es die sagenhaft gepriesenen Schindler-Würstchen, die lockten? Was ließ die so gut schmecken? Was tat Schindler da hinein? Das wollte er direkt erfahren. Aber er wollte auch seinen Kollegen verunsichern:

»Du hast ja gute und immer gleiche Wurst gemacht, aber auf einmal schmeckt die so ganz anders – pikant würde ich sagen ... oder so. Deine Frau ist ja nun weg, vielleicht ist sie ja schon vorher gestorben ... sage mal, haste deinen massigen Drachen etwa vielleicht in deiner Wurst verarbeitet? Naaaa? - Du bist ja vom Fach, kannst so was ... naaa?«

Heribert erschrak, kam von seiner Arbeit am Kessel hoch, riss die Augen auf. Demonstrativ guckte Weters dem Heribert ins Gesicht, aber der schüttelte sich plötzlich vor Lachen über so eine Zumutung, und klopfte dem Kollegen auf die Schulter:

»Hast du eine tolle Fantasie, mein Freund! Wenn man deine Wurst halb so gut wäre ...« Das ließ Weters aber nicht auf sich sitzen und meinte schräg-verschlagen: »Du Schindler, wenn das jemals rauskommt, was da in deine Wurst reinkommt, dann kommst du da rein, wo du nie wieder rauskommst!« Heribert griente bloß still in sich hinein ...

Weitere Titel von Anneliese Hamann

Tine Listich vertellt midden ut'n Läben!
Düt mutt een enfach lesen!

Plattdeutsche Kurzgeschichten

Taschenbuch, 14 x 19 cm, je 9,90 Euro
Band 1, 104 Seiten,
ISBN 978-3-95494-186-5
Band 2, 104 Seiten,
ISBN 978-3-95494-195-7

Ihre Kolumnen sind mitten aus dem prallen Leben gegriffen und behandeln meist lustige Begebenheiten, die die Autorin selbst erlebt hat. Aber auch Sinniges aus dem Alltag, Erfahrungen, die das Leben lehrt, ergänzt durch kritische Betrachtungen aus Politik und Umwelt.

Mit diesen plattdeutschen Geschichten bereitet Ihnen die Autorin ein paar entspannende Stunden, in denen sie lächeln und auch herzlich lachen werden. Die Texte sind humorvoll gewürzt, manchmal in sarkastischer Panade gewälzt, aber immer nahe am Geschehen. Also richtig zum Entspannen auf dem Sofa und den Alltag ein wenig vergessen zu lassen.

Mordswut un Rachgelüste

Plattdütsche Krimis

128 Seiten, TB 14 x 19 cm
10,90 Euro
ISBN 978-3-95494-196-4

Jowoll Lüe, ok plattdütsch ward önnig mordet un meuchelt! Öberall un jümmerto. Keerls un Frons stoht sik in Abnormitäten un Mordsgedanken nix no. In jeden Minschen kann een Mörder stäken, wenn ungewöhnliche Ümstänne dat erföddert. Achtertücksche Mördereen tügt von Hass un Eifersucht. In Gedanken hett jeder Minsch gewiss all eenen aneren in de Hölle schickt, aver to'n Mörder(in) to weern, dor gehört all eene Portion blinde Wut, besonnerer Mut, un dördachte Öberlegungen to. Öbertügt jo sülmst, läst, högt, udder gruselt jo.